历史的碎片

人类历史上的重大变革

盛文林　编著

北京工业大学出版社

图书在版编目（CIP）数据

人类历史上的重大变革 / 盛文林编著. —北京：
北京工业大学出版社，2012.4（2021.5重印）
（历史的碎片）
ISBN 978-7-5639-3003-6

Ⅰ．①人… Ⅱ．①盛… Ⅲ．①世界史－通俗读物
Ⅳ．①K109

中国版本图书馆 CIP 数据核字（2012）第 022957 号

人类历史上的重大变革

编　　著：盛文林
责任编辑：常　松
封面设计：天下书装
出版发行：北京工业大学出版社
　　　　　（北京市朝阳区平乐园 100 号　100124）
　　　　　010－67391722（传真）　　bgdcbs@sina.com
出 版 人：郝　勇
经销单位：全国各地新华书店
承印单位：天津海德伟业印务有限公司
开　　本：710mm×1000mm　1/16
印　　张：11. 5
字　　数：260 千字
版　　次：2012 年 4 月第 1 版
印　　次：2021 年 5 月第 2 次印刷
标准书号：ISBN 978-7-5639-3003-6
定　　价：28. 00 元

前言

　　在历史长河之中，不管是在思想、文化，还是在法律和制度等领域，人类都取得了璀璨的成就。但是这些成就并非某个人一时心血来潮，一蹴而就的，每一项成就都经历了漫长而曲折的历史过程。在取得这些成就的过程中，总有一些关乎历史走向的转折点。这些转折点就是人类发展史上的重大变革。

　　人类的思想和文化是在长期的生产、生活中形成的。它们深深地植根在人们意识深处，对人类文明的进步起着极其重要的作用。历史上的一切重大变革几乎都是先从思想、文化领域开始的，如中国西汉时期的"罢黜百家，独尊儒术"，西方的文艺复兴和启蒙运动，等等。这些顺应历史潮流的变革极大地推动了社会文明的进步。

　　法律和制度属于上层建筑的范畴，是人类在长期的社会生活中为维护社会秩序而总结出来的经验。它们在人类社会发展过程中充当着秩序维护者和是非裁判者的角色。

　　随着社会的发展，人们必然要求对相对稳固的法律和制度进行变革。历史上，杰出的人物对法律和制度进行变革的事例并不少见，如秦始皇确立中央集权制度、查士丁尼制定《查士丁尼法典》、拿破仑制定《拿破仑法典》等。

　　政治变革是人类历史上较为常见的一种变革形式。它既有统治者为维护自身统治自上而下进行的内部改革，如中国历史上的北魏孝文帝改革、日本的明治维新等；也有人民群众自下而上进行的暴力革命，如英国资产阶级革命、法国大革命和中国的辛亥革命等。每一次顺应历史潮流的政治变革都在人类历史上留下了光辉的一页，它不但推动了社会文明的进步，还逐步将自由、民主的思想根植进了人们的生活之中！

　　为了向大家客观真实地呈现人类历史上的这些重大变革，我们组织编写了这本《人类历史上的重大变革》。由于水平有限，书中谬误和纰漏之处在所难免，恳请广大读者批评指正！

政治变革

思想和文化变革

　　思想和文化都是在人类长期的生产、生活中形成的精神财富。思想深受社会存在的影响，可以说是由社会存在决定的。符合客观事实、符合历史潮流的思想，对客观事物的发展起促进作用；反之，则是反动的、落后的思想，对客观事物的发展起阻碍作用。

　　从某种意义上来说，文化是人们思想的外在表现。它和思想一样，一经形成，就根深蒂固，并左右着人们的行为和生活习惯。历史上的每一次思想变革都伴随着文化变革。两者相辅相成，共同作用于历史。思想和文化若符合历史的潮流，往往会对历史的发展和社会的进步起到极大的推动作用，反之，则是人类历史上的一次劫难。

 罢黜百家，独尊儒术

变革掠影

【**变革时间**】公元前 140～前 134 年

【**关键人物**】汉武帝、董仲舒

【**历史影响**】自西汉王朝"罢黜百家，独尊儒术"之后，儒家学说成为中国思想领域的主导，统治中国两千多年，对中华文化产生了巨大而深远的影响。

　　时至今日，儒学仍然影响着中国的政治、经济、文化、教育、生活、法律

等社会的各个层面。国人的生活方式依然深受影响，很多为人处世之道，"仁、义、礼、智、信"的道德标准，以及天人合一、仁义、中庸之道等思想都来自儒家学说。

历史纵深

春秋战国时期，社会经济、文化等方面都得到了一定的发展。各诸侯国为了取得霸主地位，竞相招贤纳士，以使自己富足强大起来。因而当时的学术氛围相对自由，在客观上促进了文化的发展。知识分子中不同学派的涌现及各流派形成了"百家争鸣"的局面。历史上将这些学派称为"诸子百家"。

所谓的诸子百家，其实主要是指儒家、墨家、道家和法家，其次有阴阳家、杂家、名家、纵横家、兵家、小说家等。诸子百家的兴起对中华文化产生了深远的影响。百家各执一说，对繁荣文化，启迪广大劳动人民的思想起到了很大作用。

"百家争鸣"局面在秦始皇"焚书坑儒"之后有一定的改变，不过始皇帝的"焚书坑儒"并非有针对性的贬低哪家，或抬高哪家。诸子百家的学说在这次文化劫难中遭受了严重的冲击，但他们的思想并没有因此断绝，而是在民间悄悄地流传下来。

汉高祖刘邦

西汉初年，由于汉高祖刘邦（公元前256～前195年）好黄老之学，而不喜儒学，儒家的学术源流几乎断绝。博士制度虽承秦制依然存在，但博士人数不多，且仅"具官待问"而已，在传承文化方面难以起很大作用。

汉惠帝（公元前211～前188年）时，废《挟书律》，诸子百家的学说开始复苏，其中儒、道两家影响较大。

在学术思想发展的低谷中，道家的黄老无为思想为汉初统治者所提倡，居于支配地位。由于统治者的提倡和推广，各种不同流派的思想家也都乐于称说黄老之言。

文帝、景帝时期（公元前 180 ~ 前 141 年），随着社会经济的恢复和发展，统治者建功立业之心逐渐凸显。此后，逐步出现了由无为到有为、由道家到儒家的演变趋势。

文帝之时，旧秦博士伏生出其壁藏《尚书》29 篇。文帝派著名学者晁错（公元前 200 ~ 前 154 年）从其受业。此时，博士的人数已经达到 70 余人，百家杂陈而儒家最多。

儒家的《书》《诗》《春秋》以及《论语》《孝经》《孟子》《尔雅》等经典都有博士，其中《诗》博士有齐、鲁、韩三家，《春秋》博士有胡毋生、董仲舒两家。儒家学说的复苏为汉武帝时期"独尊儒术"提供了思想和文化上的准备。

晁　错

汉武帝刘彻（公元前 156 ~ 前 87 年），是一位杰出的帝王，被历史学家誉为"千古一帝"。他即位时，历经"文景之治"，社会经济已得到了很大的发展。但是封建地主阶级的力量也在此时逐步强大起来，对中央集权制产生了威胁。从政治和经济上进一步强化专制主义中央集权制，已成为汉武帝的迫切需要。在这种情况下，主张清静无为的黄老思想已不能满足政治需要，更与汉武帝好大喜功的性格特点相抵触。而儒家的春秋大一统思想、仁义思想及君臣伦理观念，又恰恰与汉王朝当时所面临的形势和任务相适应。于是，在思想领域，儒家学说逐步取代了道家的统治地位，占了上风。"罢黜百家，独尊儒术"的时机已经成熟了。

建元元年（公元前 140 年），董仲舒在举贤良对策中提出建议：凡是不在六艺之科、孔子之术的各家学说，都要从博士官学中排除出去。这是"罢黜百家，独尊儒术"的开始。

董仲舒（约公元前 179 ~ 前 104 年），广川（今河北景县）人。西汉前期

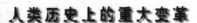

汉武帝刘彻

著名的政治家、思想家、《春秋》公羊学派大师，有"汉代孔子"之称。

董仲舒的三篇对贤良策，以天人感应神学目的论为理论基础，系统地阐述了以"德教"为核心的儒家治国之道。汉武帝对董仲舒的这种大一统思想非常赏识，并深受其影响。随后，武帝又采纳了丞相卫绾的建议，罢黜了信奉申不害、商鞅、韩非、苏秦、张仪之言的贤良。

汉武帝此举受到喜好黄老之学的祖母窦太后的强烈反对。她于次年借故把鼓吹儒学的御史大夫赵绾等人入狱，儒家势力受到打击。但武帝在建元五年（公元前136年）又置《五经》博士，使儒家经学在官府中更加完备。建元六年（公元前135年），窦太后去世之后，儒家的势力再度崛起。

元光元年（公元前134年），董仲舒正式提出了"罢黜百家，独尊儒术"的思想。董仲舒所提倡的儒学思想，已非春秋战国时期儒家思想的原貌，而是掺杂道家、法家、阴阳五行家的一些思想，是一种与时俱进的新思想。

董仲舒以《公羊春秋》为依据，将周代以来的宗教天道观和阴阳、五行学说结合起来，吸收法家、道家、阴阳家思想，建立了一个新的儒家思想体系，成为汉代的官方统治哲学。该思想体系对当时社会所提出的一系列哲学、政治、社会、历史问题，给予较为系统的回答。

董仲舒的思想融会贯通了中国古典文化中各家各派的思想，把它们整合为一个崭新的思想体系。他的著作后来大都汇集在《春秋繁露》一书中。

董仲舒的哲学基础是"天人感应"学说。他认为天是至高无上的人格神，不仅创造了万物，也创造了人。因此，他认为天是有意志的，和人一样"有喜怒之气，哀乐之心"。人与天是相合的。这种"天人合一"的思想，继承了思孟（子思与孟子，合称"思孟"）学派和阴阳家邹衍的学说，而且将它发展得十分精致。

董仲舒认为，天生万物是有目的的。天意要大一统的，汉皇朝的皇帝是受命于天来进行统治的。各封国的王侯又受命于皇帝，大臣受命于国君。

家庭关系上，董仲舒认为，儿子受命于父亲，妻子受命于丈夫，这一层层的统治关系，都是按照天的意志办的。董仲舒精心构筑的"天人感应"的神学目的论，正是把一切都秩序化、合理化，为汉皇朝统治者巩固其中央集权专制制度服务的。

董仲舒利用阴阳五行学说来体现天的意志，用阴阳的流转与四时相配合，推论出东南西北中的方位和金木水火土五行的关系，而且突出土居中央，为五行之主的地位。他认为五行是天道的表现，进而把这种阳尊阴卑

董仲舒

的理论用于社会，从而推论出"三纲五常"的道德哲学。

所谓的"三纲"是"君为臣纲，父为子纲，夫为妻纲"，"五常"是指"仁、义、礼、智、信"。"三纲五常"为董仲舒提倡之后，成为我国古代维护历代封建王朝统治的工具。

董仲舒认为"道"是源出于天的，"天不变，道亦不变"。即是说"三纲五常"、"大一统"等维护统治秩序的"道"是永远不变的。

那么，如何解释皇位的更换和改朝换代呢？为此，他提出了"谴告"与"改制"之说。他认为统治者为政有过失，天就出现灾害，以示谴责与警告。如果统治者还不知悔改，就出现怪异来惊吓他。若是还不知畏惧，大祸就临头了，必须改朝换代了。

董仲舒认为人的认识活动受命于天，而认识的目的是了解天意。通过内省的途径就能判断是非，达到"知天"的目的。另外还必须通过对阴阳五行的

观察，才能达到对天意、天道的了解，即按照"尽心"、"知性"、"知天"的模式，达到"天人合一"。他还认为通过祭祀能与神沟通，使之能看见一般人所看不见的东西，这样就能知道天命鬼神了。这种认识论达到了某种神秘的程度。

在人性论上，董仲舒既异于孟子的性善论，也不同于荀子的性恶论，而是主张"性三品"说，把人性分为上、中、下三等。他认为人性是由天决定的，人性是天生质朴，虽可以为善，但并非就是善，只有"待外教然后能善"，即人性善是通过教育的结果。君王要顺天之意来完成对人民的教化。他着重教化，并提出"防欲"的思想，这比先秦思想家只讲"节欲"、"寡欲"更为深刻。

汉武帝采纳了董仲舒等人的建议，将不治儒家"五经"的太常博士一律罢黜，排斥黄老别名百家之言于官学之外，提拔布衣出身的儒生公孙弘为丞相，优礼延揽儒生数百人，还批准为博士官置弟子50人，根据成绩高下补郎中文学掌故，吏有通一艺者则选拔担任重要职务。这就是历史上有名的"罢黜百家，独尊儒术"。

独尊儒术以后，官吏主要出自儒生，儒家学说逐步发展，成为此后两千多年间统治人民的正统思想。虽然这样做不利于学术文化的发展，但在当时却有益于专制制度的加强和国家的统一。

自汉"罢黜百家，独尊儒术"后，儒家思想成为思想意识形态的主导者，儒家思想至今仍然在现实社会中影响着中国的政治、经济、文化、教育、生活、法律等各个层面。

变革意义

"罢黜百家，独尊儒术"是中国思想文化领域的一次重大变革。它确立了儒家思想的正统与主导地位，使得专制"大一统"的思想作为一种主流意识形态成为常态，作为一种成熟的制度亦同样成为常态。

在"独尊儒术"思想的影响之下，封建专制政治结构的基本工程——"内圣外王"、刚柔相济、人治社会的政治理想第一次因为有了一套完备的仕进制度而得以确立。

董仲舒提出的"三纲五常"思想更是使得中国封建社会时期大家族的生活方式成为一个社会牢固、安定的势力，最终成为整个宗法制国家的基础。

从进步的意义上来讲，"罢黜百家，独尊儒术"促进了中国大一统的局势。也正是这种思想的影响，在中国历史上分裂的时候少，统一的时候多。

不过，若从另一个角度去看，它对历史的负面影响却也同样不容忽视。专制"大一统"的思想固然能够增强民族之间的凝聚力，但同时也将专制集权推向了高峰；大家族的生活方式虽然的确成为超稳定社会之基石，但同时也使得人治政治成为中国两千多年不变之定式……

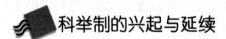 科举制的兴起与延续

变革掠影

【变革时间】公元 605 年兴起，1905 年废除

【关键人物】隋炀帝杨广、唐太宗李世民、清光绪帝等

【历史影响】科举制的兴起，一方面，为封建中国培养了大批的人才，改善了用人制度，也刺激了社会各阶层对知识和官僚阶层的敬慕，推动了知识在民间的普及。另一方面，科举制为平民阶层提供了晋升为统治阶级成员的渠道，对社会安定和思想的统一也作出了一定的贡献。

在科举制发展的后期，科举制对学术文化的发展产生了极为消极的影响，严重阻碍了人们的思想进步和科学文化的发展。科举制的废除则顺应了历史潮流，为培养创新人才，发展近现代的科学文化扫清了障碍。

历史纵深

在秦王嬴政统一中国，建立大秦帝国之前，统治者们采用分封制，选士也依靠世袭制度。西周时，天子以及诸侯分封天下。周礼之下，社会阶级分明。管理国家由天子、诸侯、卿、士分级负责。而各阶层按伦常，依照血缘世袭。到了东周，稳定的制度开始崩溃，于是有"客卿"、"食客"等制度以外的人

才为各诸侯国的国君服务。

到了汉朝，分封制度逐渐被废，中央集权得以加强。皇帝为管理国家，需要从民间提拔人才。当时采用的是察举制，由各级地方政府推荐德才兼备的人才。

由州推举的称为秀才，由郡推举的称为孝廉，三国时期的曹操就是举孝廉出身。察举制缺乏客观的评选准则，虽有连坐制度，但后期逐渐出现地方官员徇私、所荐者不实的现象。

魏文帝曹丕

魏文帝曹丕（公元 187～226 年）时，陈群创立九品中正制，由中央特定官员，按出身、品德等考核民间人才，分为九品录用。六朝时沿用此制。九品中正制是察举制的改良。两者之间的主要区别是将察举之权由地方官掌控改由中央直接任命的中正官负责。但是，这两种制度始终是由地方官选拔人才。

魏晋时代，世族势力强大，常影响中正官考核人才，后来甚至所凭准则仅限于门第出身。于是造成"上品无寒门、下品无势族"的现象。九品中正制发展到后期不但堵塞了民间人才晋身的渠道，还让世族得以把持朝廷人事，严重威胁了皇帝的权力。

隋朝统一全国后，隋文帝杨坚（公元 541～604 年）为了适应封建经济和政治关系的发展变化，扩大封建统治阶级参与政权的要求，加强中央集权，于是把选拔官吏的权力收归中央，废除九品中正制，开始采用分科考试的方式选拔官员。他令"诸州岁贡三人"参加考试，合格者可以做官。

隋朝大业元年（公元 605 年），隋炀帝杨广（公元 569～618 年）正式设置明经、进士两科，以试策取士。这是中国科举制的开始。科举制的兴起，使得社会各阶层有才能的人都有机会为国家效力，下层知识分子也有了晋升的机会。

隋朝灭亡后，唐王朝承袭了隋朝传下来的人才选拔制度，并做了进一步的完善。由此，科举制度逐渐完备起来。唐太宗、武则天、唐玄宗是完善科举制的关键人物。在唐朝，考试的科目分常科和制科两类。每年分期举行的称常科，由皇帝下诏临时举行的考试称制科。

常科的科目有秀才、明经、进士、俊士、明法、明字、明算等五十多种。其中明法、明算、明字等科，不为人重视。俊士等科不经常举行，秀才一科，在唐初要求很高，后来渐废。明经、进士两科便成为唐代常科的主要科目。

唐代取士，不仅看考试成绩，还要有各名人的推荐。因此，考生纷纷奔走于公卿门下，向他们投献自己的代表作，叫投卷。向礼部投的叫公卷，向达官贵人投的叫行卷。投卷确实使有才能的人显露头角，如著名诗人白居易向顾况投诗《赋得原上草》受到老诗人的极力称赞。但是弄虚作假，欺世盗名的也不乏其人。

宋代的科举，大体同唐代一样，有常科、制科，并增加了武举。相比之下，宋代常科的科目比唐代大为减少，其中进士科仍然最受重视。进士一等多数可官至宰相，所以宋人以进士科为宰相科。

宋代科举，在形式和内容上都进行了重大的改革。首先，宋代的科举放宽了录取的范围。宋代进士分为三等：一等称进士及第；二等称进士出身；三等赐同进士出身。

唐代录取进士，每次不过二三十人，少则几人、十几人。宋代每次录取多达二三百人，甚至五六百人。对于屡考不第的考生，允许他们在遇到皇帝策试时，报名参加附试，叫特奏名。也可奏请皇帝开恩，赏赐出身资格，委派官吏，开后世恩科的先例。

宋太祖赵匡胤（公元 927～976

宋太祖赵匡胤

年）为了选拔真正忠实于封建统治而又有才干的人担任官职，为之服务，于开宝六年（公元973年）实行殿试。自此以后，殿试成为科举制度的最高一级的考试，并正式确立了州试、省试和殿试的三级科举考试制度。

殿试后分三甲放榜。南宋以后，还要举行皇帝宣布登科进士名次的典礼，并赐宴于琼苑，故称琼林宴，以后各代仿效，遂成定制。

从隋唐开科取士之后，徇私舞弊现象越来越严重。对此，宋代统治者采取了一些措施，主要是糊名和誊录制度的建立。糊名，就是把考生考卷上的姓名、籍贯等密封起来，又称"弥封"或"封弥"。誊录制就是将考生的试卷另行誊录。考官评阅试卷时，不仅不知道考生的姓名，连考生的字迹也无从辨认。这种制度，对于防止主考官徇情取舍产生了很大的效力。

在元朝，蒙古人统治中原，科举考试进入中落时期，但以四书试士，却是元代所开的先例。元朝灭亡后，明王朝建立，科举制进入了鼎盛时期。明代统治者对科举高度重视，科举方法之严密也超过了以往朝代。

宋代科举考试场景

明代以前，学校只是为科举输送考生的途径之一。到了明代，进学校却成了科举的必由之路。明代入国子监学习的，通称监生。

监生大体有四类：生员入监读书的称贡监，官僚子弟入监的称荫监，举人入监的称举监，捐资入监的称例监。监生可以直接做官。特别是明初，以监生出任中央和地方大员的多不胜举。明成祖以后，监生直接做官的机会越来越少，却可以直接参加乡试，通过科举做官。

参加乡试的，除监生外，

还有科举生员。只有进入学校，成为生员，才有可能入监学习或成为科举生员。明代的府学、州学、县学称做郡学或儒学。凡经过本省各级考试进入府、州、县学的，通称生员，俗称秀才。取得生员资格的入学考试叫童试，也叫小考、小试、童生试，包括县试、府试和院试三个阶段。院试由各省学政主持，学政又名提督学政，故称这级考试为院试。院试合格者称生员，然后分别分往府、州、县学学习。考取生员，是功名的起点。

明代正式科举考试分为乡试、会试、殿试三级。乡试是由南、北直隶和各布政使司举行的地方考试。地点在南、北京府，及各布政使司驻地。每三年一次，逢子、午、卯、酉年举行，又叫乡闱。考试的试场称为贡院。考期在秋季八月，故又称秋闱。凡本省科举生员与监生均可应考。

乡试考中的称举人，俗称孝廉，第一名称解元。乡试中举叫乙榜，又叫乙科。放榜之时，正值桂花飘香，故又称桂榜。放榜后，由巡抚主持鹿鸣宴。席间唱《鹿鸣》诗，跳魁星舞。

会试是由礼部主持的全国考试，又称礼闱。于乡试的第二年即逢辰、戌、未年举行。全国举人在京师会试，考期在春季二月，故称春闱。由于会试是较高一级的考试，同考官的人数比乡试多一倍。主考、同考以及提调等官，都由较高级的官员担任。主考官称总裁，又称座主或座师。考中的称贡士，俗称出贡，别称明经，第一名称会元。

殿试在会试后当年举行，时间最初是三月初一。明宪宗成化八年（公元1472 年）起，改为三月十五。应试者为贡士。贡士在殿试中均不落榜，只是由皇帝重新安排名次。殿试由皇帝亲自主持，只考时务策一道。殿试毕，次日读卷，又次日放榜。录取分三甲：一甲三名，赐进士及第，第一名称状元，第二名榜眼，第三名探花，合称三鼎甲。进士榜用黄纸书写，故叫黄榜，也称金榜，中进士称金榜题名。

殿试之后，状元授翰林院修撰，榜眼、探花授编修。其余进士经过考试合格者，叫翰林院庶吉士。三年后考试合格者，分别授予翰林院编修、检讨等官，其余分发各部任主事等职，或以知县优先委用，称为散馆。

明代乡试、会试头场考八股文。能否考中，主要取决于八股文的优劣。所以，读书人往往把一生精力用在八股文上。八股文以四书、五经中的文句做题目，只能依照题义阐述其中的义理。措辞要模拟古人语气，即所谓代圣贤立言。格式也很死。结构有一定程式，字数有一定限制，句法要求对偶。

八股文的危害极大，严重束缚人们的思想，是维护封建专制统治的工具，同时也把科举考试制度本身引向绝路。明末著名学者顾炎武愤慨地说："八股盛而《六经》微，十八房兴而二十一史废。"又说："愚以为八股之害，甚于焚书。"

清代的科举制度与明代基本相同，但它贯彻的是民族歧视政策。满族人享有种种特权，做官不必经过科举途径。清代科举在雍正前分满汉两榜取士，旗人在乡试、会试中享有特殊的待遇，只考翻译一篇，称翻译科。以后逐渐改为满人、汉人同试，参加考试的汉族子弟逐渐增多。

科举制发展到清代，日趋没落，弊端也越来越多。清代统治者对科场舞弊的处分虽然特别严厉，但由于科举制本身的一些弊病及封建社会专制的特点，舞弊越演越烈，科举制终于在光绪三十一年（公元 1905 年）被废止。代之而起的是新式学校教育。

变革意义

科举制不但是中国历史上一次重大的政治变革，更是一次重大的文化变革。它对中国古代的教育和文化传播产生了极其深远的影响。

科举制实行了 1300 年，不但使得社会中的平民有了展示自己才华的舞台和通过努力获得别人尊重的出路，也为封建中国培养了大批的人才，改善了用人制度，使国家的管理更加有序。值得一提的是，科举制度还刺激了社会各层对知识和士族阶层的敬慕，正所谓"万般皆下品，唯有读书高"，这就推动了知识在民间的普及。

受中国科举制的影响，周边的一些国家，如日本、韩国、越南等不仅派使者到中国应试，还效法科举制在本国设立了科考制度。如越南从 1075 年起多次设立科考，到 18 世纪初期，甚至设立了与清朝相同的考试方式——乡试、会试、殿试三级，并设立了类似于清朝贡院的专门考场。

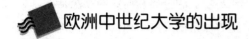 欧洲中世纪大学的出现

变革掠影

【变革时间】11～12世纪之交

【关键人物】中世纪的修士、手工业者、商人等

【历史影响】欧洲中世纪大学的出现，标志着理性和科学的复苏，为之后的文艺复兴以及现代科学的发展奠定了坚实的基础，极大地推动了社会文明的进步。

更为重要的是，在发展的过程中，大学的功能从最早的培养少量牧师传授经典知识的教师行会，发展到后来成为集教学、科研和为社会服务为一体的综合体，成为了社会文明前进的"发动机"。

历史纵深

最早的大学产生于中世纪的欧洲，但要追溯其起源，就要回到更远的5世纪。5世纪，最大的事件莫过于西罗马的覆灭，此后曾经盛极一时的古希腊、古罗马文化开始迅速地衰落。

征服了罗马的日耳曼人的文明远远逊色于古希腊和古罗马文明，当时掌握学术的只有教会的教士和修士，于是基督教就成了西欧封建社会的主要思想工具。为了巩固统治，教会大肆宣传迷信思想，把西欧带进了黑暗的迷信时代。

与此同时，教会为了培养自己的接班人，在愚民的同时也兴办了很多培养教会人才的学校。起初，这些学校以教授《圣经》为主，但是随着招生范围的扩大，不想成为教会服务工具的人也进入了学校，教会学校所开设的科目也开始增加，并在教学过程中形成了以语法、修辞、辩论、算术、几何、天文、音乐等为基础的教学科目。

随着时间的推移，教会学校的规模越来越大，并有了初等和高等之分，同时古希腊的很多经典古籍和著作被引进到教学之中。这一切都为之后的更高的

学府——大学的建立奠定了基础。

从 11 世纪末到 13 世纪，随着手工业与农业的分离和商业的逐渐活跃，开始重新出现手工业和商业中心的城市。随着城市的发展，西欧与其他地区的来往多了起来，人们的思想眼界也比以前开阔了。此时，教会学校已无法满足世俗社会的需要。市民阶层迫切要求建立新的教育组织，以满足自己的文化需求。

十字军东征和东西文化的交流为大学的兴起铺平了道路。1095 年，教皇乌尔班二世在法国南部的克勒芒召开宗教会议，发表煽动基督徒的长篇演说，为"征讨异教徒"进行总动员。以此为标志，开始了长达 200 年的十字军东征。

表现十字军东征的油画作品

通过十字军东征，欧洲人接触到了高水平的拜占庭文化和阿拉伯文化，带回了许多学术典籍。在阿拉伯人占领的伊比利亚半岛和诺曼人占领的意大利南部，许多学者将古典文献和阿拉伯文献由希腊文和阿拉伯文译为拉丁文。

由此，中世纪的欧洲开始了解到古典文化的面貌，如柏拉图、亚里士多德的著作，欧几里得的几何原理，托勒密的天文学，希波克拉底和盖伦的医学著作等。

一些伊斯兰文化的杰出成就，如阿维森纳的医学和哲学著作，阿维罗伊的哲学著作，以及各种代数学、化学、天文学、医学方面的知识也在此时传入欧洲。这对于当时西欧的学术界和文化界是一场大的革新。

在这种条件之下，除了原来的文艺学科有了很大的改革和发展外，新的三个高等学科即神学、法学和医学也开始确立，从而为大学各学科的形成创造了条件。

中世纪大学的组织形式则来自城市和行会的组织形式。当时西欧城市各种行会组织的形成、发展为大学的组织奠定了基础。在城市的发展中，兴起了各种手工业的同业行会、商会，它们拥有相当大的自治权，成为控制城市的力量。

在行会的发展和斗争中，逐渐形成了较为严密的组织与规章制度，这成为了大学组织的榜样。最初的大学机构，也就是学生行会与教师行会。学校由教师和学生共同管理。所有的教师联合成特殊的组织即专业行会，称为系或教授会，"系"的本意是才能，即教授某种科目的能力，后来开始把"系"这个名词理解为教授某部门知识的大学分部；学生则组成同乡行会，双方各有自己的权利和义务。简单来说，大学作为一种行会体制，教师与学生的关系就是师傅与学徒的关系。

1088 年，在意大利工商业发达的城市出现了第一所世俗大学——博洛尼亚大学。它是最先开办了几个学院的综合大学。博洛尼亚大学起源于学习罗马民法和教会法的学生组织，在法律、文学和医学三个专科学校合并的基础上形成。

到 13 世纪初时，博洛尼亚大学的学生已达 5000 余名。它以法学研究著称，吸引了来自西欧各地的知名学者。学校是由学生们自己组成的一个委员会管理的。他们雇佣教师，支付薪水，解雇玩忽职守或教学效果不好的老师。

博洛尼亚大学是意大利、西班牙和法国南部所有大学的雏形。随后，意大利各地的学校像雨后春笋般地发展起来。

除意大利以外，在欧洲最著名的巴黎大学创设之前，巴黎最早的高等研究机构——诺尔丹神学院已经开设了有关神学、教会法、医学、自然科学以及辩证法等课程。不久，著名学者阿贝拉尔到诺尔丹神学院教授辩证法这门课，欧洲各地的不少学生慕名

博洛尼亚大学

而来。但因为阿贝拉尔与教会的参事委员们不和，被解聘教职。他接受山度·简威吾大修道院的邀请前往授课。

位于巴黎塞纳河左岸的山度·简威吾修道院，在1200年改为巴黎大学，不久，就成了欧洲最负盛名的大学。该校网罗了欧洲各地许多著名学者——如德国的艾伯特·马格努斯、意大利的托马斯·阿奎那、英国的罗杰·培根等人，并免费提供各类科目的讲义，任何人都可不受限制地来此求学。

巴黎大学鼎盛时期师生达5万多人，与教皇和皇帝一起并称为欧洲三足鼎立的势力。因此，在当时就有"罗马有教皇，德国有皇帝，法国有知识"这种说法。到了13世纪，随着经院哲学的繁荣，巴黎大学更是成了欧洲学者云集的中心。来自各地的学者都在这里求学与讲学，不同学派与思想的论战也大都在此发生，因此，它更是享有"哲学家的天城"的美誉。

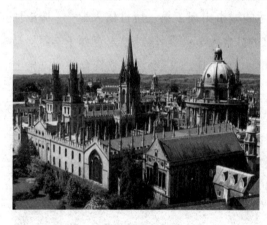

巴黎大学

于是其他国家也开始仿照法国，先后在英国伦敦的牛津、剑桥创办大学。1162年，来自巴黎的教授们设立了牛津大学；1209年，牛津大学的教授们又在剑桥设立了大学。

中世纪的欧洲大学，往往没有任何规约，只有老师和学生之间相互订立的契约。所以，那时的大学仅被规定为教师有义务教授学生、学生支付老师报酬的一种组织。教授们都称呼学生为"我的朋友"，而那些学生也都是些成年人，师生间年龄上相差无几。

最初，每位教授的上课时间长达3小时。到了1400年，时间缩短了1小时。不久，又把时间改为1小时。最后，上课的时间只剩下45分钟。当时求学的学生们，一方面想提高自己的道德文化水平，另一方面也都希望获得类似于今日学士头衔的"教授资格证书"，或"博士"——这个词语由拉丁语中的"教授"一词演变而来。证书由具有同等学位的教授团颁发，凡拥有证书的人，既可在学校内传授特定的学科，也能证明自己具有独立进行研究的能力。

中世纪欧洲的各大学，在学生毕业前，通常需要通过两种考试：一种是"学位认可考试"，因较容易通过，所以这种考试只流于形式；另一种是只有通过"学位认可考试"的人，方能继续参加"考试甄试"。后者一般由教会主办，考试结束后由主考官宣布及格者名单，并赠与及格者一些书籍和一顶檐帽，以示一种荣誉的象征。

当时欧洲各国的学生和教授，经常群聚于某一大学，经过一段时间后，又流动到其他地方，停留在另一个文化中心。由于学生和教授们的流动性很强，因此各大学之间的学术交流极为频繁，扩大了文化知识的传播，大学由此也成为欧洲各国文化交往的中心。

中世纪欧洲的大学组织，不仅在各方面给予学生们以充分的自由，还成为学校机构的中枢，具有至高无上的决定权。当时的教育方针也鼓励学生们积极参与学校的行政，培养他们热心、自由、自主的品格。

中世纪欧洲的教育制度，顺着若干固定的阶段，遵循一定的方针发展完善。当时的大学里，教授课目分为普通课程、必修课程和特殊课程三个阶段。但是大部分学生在修完普通课程后，不再选修第二阶段的课程，这往往使得教授们大为恼火。

这种自由、开放的学风，很自然地会培养出学生们对欧洲传统文化和社会现状的不满情绪，甚至产生破坏、反抗当时社会的欲望。促使这种情况加速到来的，是欧洲的文化交流和知识的广泛传播。

变革意义

中世纪大学的产生，是世界文化史上的一次重大变革。这是科学从黑暗愚昧的中世纪走出来的重要一步。大学的出现标志着欧洲理性和科学的复苏，为之后的文艺复兴、宗教改革和近代启蒙运动奠定了坚实的基础。

不仅如此，大学的出现还推动了科学逻辑的产生和自然科学的进步。更为重要的是，科学知识在迅速发展的同时，开始在民间得到普及，让更多的人接受了教育，打破了欧洲的黑暗迷信，极大地推动了社会的进步。所以后人把大学的出现视为中世纪的曙光。

尽管世界各国、各民族自古以来就有种种较高水平的教育机构，如希腊雅典的学院、阿拉伯的"智慧馆"和中国的书院等，但是，西欧中世纪形成的大学所提供的办学理念、组织原则、教学体系、学业考核制度、法律地位等，却是近现代世界高等教育制度的直接先驱。

中世纪的大学还让"思想自由，学术独立"的理想成为一种现实的可能。亚里士多德在《形而上学》中曾讲，科学的价值不在于作为实现某种崇高目的手段和工具，它是自成目的的活动，它是自由的人进行的自由思考，它有着其内在的价值，因此，科学活动更类似于游戏，而不是获取某种实用价值的工作。然而，这种理想唯有通过某种见证获得现实力量后才能表达出来，中世纪大学所表现出来的知识分子的职业化就是一种见证，它让那种理想成为了现实的可能。

总之，大学诞生以后，它就成为社会的思想和技术中心，为社会走向科学和民主作出了重要的贡献。直到现在，大学仍然发挥着社会思想库和科技发展中心的作用。

文艺复兴的伟大光芒

变革掠影

【变革时间】14 ~ 15 世纪

【关键人物】彼特拉克、达·芬奇、米开朗基罗、莎士比亚等

【历史影响】文艺复兴运动彻底打破了中世纪的黑暗，统治欧洲近千年的宗教神学的正统地位开始动摇，人们开始正视个人价值和创造力。这一切都为之后的资产阶级革命做了充分的思想准备。

历史纵深

西欧的中世纪是个特别黑暗的时代。基督教教会成了当时社会的精神支柱，它建立了一套严格的等级制度，把上帝当做绝对的权威。文学、艺术、哲学，一切都得遵循基督教的经典《圣经》的教义，谁都不可违背，否则，宗

教裁判所就要对他进行严厉的制裁，甚至处以死刑。

在教会的管制下，中世纪的文学艺术死气沉沉的，科学技术也没有什么进展。在古希腊和古罗马，文学艺术的成就很高，人们也可以自由地发表各种学术思想。这和被称为"黑暗的时代"的中世纪是个鲜明的对比。

14世纪末，由于信仰伊兰斯教的奥斯曼帝国的入侵，东罗马的许多学者，带着大批的古希腊和罗马的艺术珍品以及文学、历史、哲学等书籍，纷纷逃往西欧避难。

后来，一些东罗马的学者在意大利的佛罗伦萨办了一所叫"希腊学院"的学校，讲授希腊辉煌的历史和文化等。

从此，西欧人发现古希腊的一切是那样的美好，中世纪的一切是那样的丑恶，许多西欧的学者要求恢复古希腊和罗马的文化、艺术。这种要求就像春风，慢慢吹遍了整个西欧，掀起了一股汹涌澎湃的"希腊热"浪潮。这就是历史上所称的"文艺复兴"。

表面上看，"文艺复兴"是为了恢复古典的文学艺术，实际上却是当时新兴资产阶级借此名义来发展科学技术。新兴的资产阶级要求在思想上摆脱封建主义的束缚，要求关心人、尊重人，一切以人为中心，给人以个性自由和人身自由。在宗教上，资产阶级强烈反对以神为中心的封建教义，反对人一出生就有罪的说法，认为人是伟大的，人应享用人生的快乐，人应该掌握自己的命运。

彼特拉克

这种思想就是以人为中心的"人文主义"思想，是当时的进步思想。著名意大利诗人和学者彼特拉克（1304～1374年）第一次提出了和基督教教会抗争的进步思想，因此他被认为是文艺复兴运动的先驱人物，被称为"人文主义之父"。

人文主义者最早出现在15世纪中期的文学诗歌之中，指的是人文学的教师。人文主义者在学校中所讲授的学科被称为"人文科学"，因为这些内容都是非基督教的希腊、罗马古典学问，如宗教法、民法、医学、修辞学、哲学等。

人文主义者以希腊、罗马的古典文化来取代以前的神学，一方面是由于新兴的资产阶级在最初还无法提出系统的独立观点，只能借助并利用古典文化来反对封建制度和教会；另一方面，在古希腊、罗马的著作中，人具有突出的重要地位，与中世纪的神性代替人性、神权摧残人权、宗教桎梏个性自由的社会现实截然不同。所以，古典文化很自然地成了人文主义者的思想武器。

人文主义者提倡科学知识和恢复理性的尊严与思维的价值，反对教会所宣扬的愚昧无知的观点，从而使自然科学从中世纪神学的束缚中解放出来。

文艺复兴运动兴起的过程中，关于《君士坦丁献土》文件和其真伪的争论一事更促进了文艺复兴的发展。

基督教的罗马教皇，是宗教的领袖。他还拥有大片的领地，形成了"教皇国"，罗马教皇就是这个"国"的统治者，他的权力高于欧洲各国的君主。

作为宗教的领袖，教皇是怎样拥有土地的呢？原来，在公元750年，法兰西国王"矮子"丕平曾把意大利中部的一大片国土献给教皇，才形成了这个"教皇国"。但教皇认为法兰西国王的声望太小，只有古罗马皇帝才能代表全欧洲，所以教皇伪造了一个文件，声称"教皇国"是4世纪初罗马帝国的君士坦丁大帝呈献的，而且整个罗马帝国都臣属于教皇。

据此推理，那么整个欧洲都应听命于教皇。从此，代代教皇都把个伪造文件当做自己至高无上权力的凭证。

到了15世纪，有一个天才的意大利历史学家瓦拉，他精通古代语言文字。经过研究他发现《君士坦丁献土》的文件是用8世纪的拉丁文写的，而君士坦丁大帝是4世纪的人，他怎么能用8世纪的拉丁文字写文件呢？瓦拉拆穿了教皇骗人的把戏，把教皇"神圣"的假面具揭露出来。

《君士坦丁献土》是象征教皇权力的文件，这文件都是假的，那教皇的权力又怎么能是至高无上的呢？因此，中世纪基督教统治的大厦就摇摇欲坠了。那么基督教宣扬的绝对权威等观念也受到了冲击，以人为中心的人文主义思想打了一个大胜仗。

这样，人们的思想终于从教会的精神枷锁中解放出来了，人们终于可以充分、自由地发挥自己的聪明才智了！

欧洲文艺复兴时期的"人文主义"和人文主义者的具体表现有：以极大的热情和毅力，孜孜以求地搜寻和整理遗留的古代文化。

在欧洲各国，意大利和拜占庭是保存古典文化最多地方。人文主义者以勇士般的精神，奔走于各地的修道院等藏有图书的地方，搜集古代的作品、手稿和抄本，以及残破的艺术雕刻和绘画。或是从古代的废墟中挖掘古代文化遗产。经过一番艰苦的努力，大量古代文献重见天日。

人文主义者通过哲学著作、文学作品和雕塑绘画等形式，广泛宣扬和歌颂人生的伟大与价值，表现人的世俗生活与追求，主张人是现实世界的主宰者，提倡尊重人的尊严。因此，文艺复兴时期的著作与作品，均突出地显示了人的重要地位。

由于意大利保存的古希腊和古罗马文化较多，意大利的佛罗伦萨成了文艺复兴的中心。佛罗伦萨的艺术家们在建筑、绘画和雕刻等方面都取得了伟大的成就。

建筑家布鲁列民斯建筑的佛罗伦萨大教堂的中央圆顶，有二十多层楼高，在周围建筑物的映衬下，显得无比的雄伟和壮丽，毫不逊色于中世纪的其他教堂。

多纳太罗雕刻的艺术品以逼真生动著称。其中为帕都亚城城中广场雕刻的军人骑马像最为人称道。这座雕刻艺术品充满生气，显示出军人的英勇和威武，是件完美的艺术珍品，是件令意大利人自豪和兴奋的杰作。

达·芬奇既是艺术家，又是科学家，是位多才多艺、学识渊博的文化巨人。他的杰作《蒙娜丽莎》至今仍

达·芬奇的《蒙娜丽莎》

保存在法国卢浮宫博物馆。它抓住了一代又一代观众的心。通过一位少妇的肖像，达·芬奇表现了人物内心丰富而细腻的内心世界。她那优美、端庄、发自内心的微笑，猛然看去，给人一种柔和、温馨的感觉；当走近画像时，她又仿佛是在嘲讽……她的微笑，使人浮想联翩，令人遐思不已。

达·芬奇的绘画《最后的晚餐》被誉为"人类绘画的极品"。他描绘耶稣在被捕前和门徒的聚餐，耶稣向门徒说出"你们中有人出卖我"时，12门徒震惊的各种动态，惟妙惟肖地勾勒出不同人物的心理，后代同一题材作品无一能超过达·芬奇的作品。

晚年，达·芬奇致力于科学研究，遗留下七千多件速写、手稿和设计图。人们从中发现他在哥白尼之前就否定过地球中心说，在牛顿之前提出了重力法则。他还设计过飞机、战舰、自动车床和蒸汽机等。恩格斯赞扬达·芬奇的科学贡献时说："多种多样的重要发明都得归功于他。"

米开朗基罗的雕塑《大卫》

和达·芬奇同时代的米开朗基罗，在建筑、雕刻、绘画上都做出很大成绩。他设计的罗马圣彼得大教堂的圆顶，一直为后世仿效。米开朗基罗在罗马教皇宫的西斯廷礼拜堂屋顶上作的壁画，面积达300平方米，至今仍吸引千百万人的注目。

在文学艺术取得辉煌成就的同时，意大利还出现了一些杰出的思想家，如康帕内拉。他在《太阳城》中虚构了一个没有私有制，社会财富和产品都由社会成员享用，政治上人人平等的理想社会，反映了人文主义思想家改造现世社会的理想方案，其中一些观点还闪烁着共产主义思想光辉。

以意大利为中心，文艺复兴的浪潮席卷了全欧洲，出现了一系列著名的宗教改革家（如德国的马丁·路德）、文学家（英国的莎士比亚、法国的拉伯雷、西班牙的塞万提斯等）、社会主义思潮的创见者（如英国的莫尔）、自然科学家（如波兰的哥白尼、意大利的伽利略等）、哲学家（英国的培根等）等。

在这些著名的文学家、艺术家、科学家的推动下，文艺复兴使中世纪的文化失去了光彩，极大地推动了社会历史的进程。文艺复兴预示中世纪"黑暗时代"的结束，也表明人类对自由平等的美好社会的永恒追求。

变革意义

文艺复兴运动是人类历史上一次伟大的变革，其所取得的成就是广泛而巨大的。文艺复兴运动彻底打破了中世纪的黑暗，随着人的个人价值和创造力不断地被肯定，统治欧洲近千年的宗教神学的正统地位开始动摇。人的思想从宗教思想的桎梏中解放出来，不仅有力地推动了宗教改革运动，还为之后的资产阶级革命做了充分的思想准备。

欧洲的文艺复兴之后，近代自然科学诞生，主要体现在天文学、数学、力学诸方面。其中天文学的诞生更具划时代的意义。

除此之外，人文主义的哲学、史学、政治学、教育、音乐、医学、建筑等均有丰硕的成果。文艺复兴运动，开创了历史的新纪元，成为人类"最伟大的、进步的变革"。

哥白尼和他的"日心说"

变革掠影

【变革时间】15 世纪后期

【关键人物】哥白尼

【历史影响】哥白尼提出的"日心说"不仅铺平了通向近代天文学的道路，而且开创了自然科学向前迈进的新时代。从此，科学技术结束了在中世纪的停滞与徘徊，脱离教会束缚的自然科学和哲学获得了飞跃式的发展。

历史纵深

远古时代，人类祖先站在荒野上，抬头凝望着天上的日月星辰，产生出无穷的遐想：人们脚下的大地和浩瀚的天空以及天空中的星辰是什么关系呢？

公元前4世纪，古希腊学者欧多克斯创立了"地心说"。亚里士多德进一步发展了这种学说。他们认为，宇宙是一个有限的球体，分为天地两层，地球位于宇宙中心，所以日月围绕地球运行，物体总是落向地面。

地球之外有9个等距离天层，各个天层自己都不会运动，是上帝推动了恒星天层，才带动了所有的天层。人类居住的地球，岿然不动地居于宇宙中心。

作为古希腊的最后一位大天文学家，托勒密全面承袭了亚里士多德的"地心说"，把亚里士多德的9层天扩大为11层。托勒密设想，各行星都绕着一个较小的圆周运动，而每个圆的圆心则在以地球为中心的圆周上运动。

完善"地心说"的托勒密

托勒密把绕地球的那个圆叫"均轮"，每个小圆叫"本轮"，同时假设地球并不恰好在均轮的中心，而是偏开一定的距离，均轮都是一些偏心圆；日、月、行星除了作上述轨道运行外，还与众恒星一起，每天绕地球转动一周，从而使计算结果达到了与实测的一致，取得了航海上的实用价值。

这个学说的提出与基督教《圣经》中关于天堂、人间、地狱的说法刚好互相吻合，中世纪处于统治地位的教廷便竭力支持地心学说，把"地心说"和上帝创造世界融为一体，用来愚弄人们，维护自己的统治。因而地心学说被教会奉为和《圣经》一样的经典，长期居于统治地位。

随着社会的不断发展，天文观测的精确度渐渐提高，人们逐渐发现了地心学说的破绽。到文艺复兴运动时期，人们发现托勒密所提出的均轮和本轮的数目竟多达80个左右，这显然是不合理、不科学的。人们期待着能有一种科学的天体系统取代地心说。在这种历史背景下，波兰著名科学家哥白尼的"日心说"就应运而生了。

"日心说"由哥白尼提出是有其必然的历史背景的。15～16世纪的欧洲，正是从封建社会向资本主义社会转变的关键时期，在这一二百年间，社会发生了巨大的变化。14世纪以前的欧洲，到处是四分五裂的小城邦。后来，随着城市工商业的兴起，特别是采矿和冶金业的发展，涌现了许多新兴的大城市，小城邦有了联合起来组成国家的趋势。

与这种政治经济变革相适应，文化、科学上也开始有所反映。当时，包括波兰在内的欧洲是"政教合一"政体，罗马教廷控制了许多国家，《圣经》被宣布为至高无上的真理，凡是违背《圣经》的学说，都被斥为"异端邪说"，凡是反对神权统治的人，都被处以火刑。

但14～15世纪的文艺复兴运动使商业发达起来了。商业的活跃又促进了对外贸易的发展。在"黄金"这个符咒的驱使下，许多欧洲冒险者远航非洲、印度及整个远东地区。

远洋航行需要丰富的天文和地理知识，从实际中积累起来的观测资料，使人们感到当时流行的"地静天动"的宇宙学说值得怀疑。这就要求人们进一步去探索宇宙的秘密，从而推进了天文学和地理学的发展。

正是在这种背景之下，哥白尼提出了他的"日心说"。哥白尼，1473年出生在波兰托伦小城的一个商人家庭里。他10岁那年，瘟疫夺去了他的父亲。从那时起，哥白尼开始跟舅父务卡施生活在一起。他的舅父是一位学识渊博的主教，哥白尼深受其影响，爱上了天文学和数学。

早在上学的时候，哥白尼就被天上的星星月亮吸引住了。他经常在晚上坐在窗前，凝望繁星闪烁的天空。

18岁的时候，舅父把他送进了克拉科夫大学。在那里，思想敏锐的哥白尼对天文学和数学产生了极大的兴趣。他钻研数学，广泛涉猎古代天文学书籍，潜心研究过"地心说"，做了许多笔记和计算，并开始用仪器观测天象，头脑里开始孕育新的天文体系。

后来，哥白尼来到意大利留学，在学术气氛十分活跃的帕多瓦大学学习。

哥白尼

该校的天文学教授诺法拉对"地心说"表示怀疑，认为宇宙结构可以通过更简单的图式表现出来。在他的思想熏陶下，哥白尼萌发了关于地球自转和地球及行星围绕太阳公转的见解。

回到波兰后，哥白尼长期进行天象观测和研究，更进一步认定太阳是宇宙的中心。因为行星的顺行逆行，是地球和其他行星绕太阳公转的周期不同造成的假象，表面上看起来好像太阳在绕地球转，实际上则是地球和其他行星一起，在绕太阳旋转。这一点就像人们坐在船上，明明是船在走，但却感觉到岸在往后移一样。

哥白尼夜以继日地观测着，计算着，终于冲破重重阻力，创立了以太阳为中心的"日心说"。

哥白尼曾把他的"日心说"主要观点写成一篇《浅说》，抄赠给一些朋友。他认为天体运动必须满足以下几点：不存在一个所有天体轨道或天体的共同的中心；地球只是引力中心和月球轨道的中心，并不是宇宙的中心；所有天体都绕太阳运转，宇宙的中心在太阳附近；地球到太阳的距离同天穹高度相比是微不足道的；在天空中看到的任何运动，都是地球运动引起的；在空中看到的太阳运动的一切现象，都不是它本身运动产生的，而是地球运动引起的，地球同时进行着几种运动；人们看到的行星向前和向后运动，是由于地球运动引起的。哥白尼的"日心说"足以解释人们在空中见到的各种现象了。

此外，哥白尼还描述了太阳、月球、三颗外行星（土星、木星和火星）和两颗内行星（金星、水星）的视运动。

哥白尼批判了托勒密的理论，科学地阐明了天体运行的现象，彻底否定了长期以来居于统治地位的"地心说"，并从根本上否定了基督教关于上帝创造一切的谬论，从而实现了天文学中的根本变革。他正确地论述了地球绕其轴心运转、月亮绕地球运转、地球和其他所有行星都绕太阳运转的事实。

哥白尼的观点立即引起了欧洲各国的重视，可他不敢把它们全部写出来发表，害怕由此招致教会的迫害。

但是，在探索真理的强烈冲动下，哥白尼还是在踌躇中开始了《天体运行论》一书的写作。

哥白尼的《天体运行论》清楚地说明："地球不是宇宙的中心，太阳才是行星系统的中心，比它还小的行星便在它的周围旋转着，而地球只是其中之一，在距太阳几百万千米的轨道上，以很快的速度移动着。"

这种莫测高深的理论当时令人难以置信。德西·史赖姆孙博士在研究这篇论文时说："这种理性和想象力的胜利，是一种可以期待的独创性事业，但却无法从任何智慧源泉中汲取出来。"

哥白尼对自己的种种论点，态度是非常认真而严肃的，都能找到确切的理论根据；但是，由于害怕受到别人无理的抨击和讽刺，他把这本书一搁再搁，直到 1543 年 7 月 24 日才出版问世。

哥白尼的"日心说"的发表，促使人类的思想意识起了翻天覆地的变化。很多人认为，地球既然不是宇宙的中心，那无数古人所提出的理论和所相信的事物，将全部化为乌有。

因此，《天体运行论》出版不久，就遭到封建宗教势力和其他各种保守势力的谩骂和围攻。教会公然将它列为禁书，禁止发行和传播。就连著名的宗教改革家马丁·路德，也指责哥白尼的太阳中心说是明目张胆地背叛《圣经》，说："好像要推翻整个天文学体系，他真是一个占星术者。"

经过几个世纪的斗争，人们才接受了哥白尼的理论，认识到自古以来有关天体运行的创见和发明，没有一个科学家可与他相比。

变革意义

哥白尼的学说是人类对宇宙认识的一次重大革命，它彻底推翻了地球中心论的体系，使人们的整个世界观都发生了重大变化。哥白尼的书对伽利略和开普勒的工作是一个不可缺少的序幕。他俩又成了牛顿的主要前辈。是这两人的发现才使牛顿有能力确定运动定律和万有引力定律。从历史的角度来看，《天体运行论》是现代天文学的起点——当然也是现代科学的起点。

恩格斯对哥白尼的《天体运行论》给予高度评价。他说："自然科学借以宣布其独立并且好像是重演路德焚烧教谕的革命行动，便是哥白尼那本不朽著作的出版，他用这本书（虽然是胆怯地，而且可说是只在临终时）来向自然事物方面的教会权威挑战，从此自然科学便开始从神学中解放出来。"

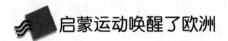 启蒙运动唤醒了欧洲

变革掠影

【**变革时间**】18 世纪

【**关键人物**】伏尔泰、孟德斯鸠、卢梭等

【**历史影响**】启蒙运动唤醒了欧洲，描绘了未来"理性王国"的蓝图，天赋人权、三权分立和自由、博爱、平等思想等启蒙运动的主导思想，为资产阶级取得统治地位提供了思想上和理论上的准备。

历史纵深

17 世纪以后，随着自然科学和哲学不断发展，人们的视野逐渐开阔起来。这就促使人们对长期以来形成的关于自然、人类和社会法则等旧观念产生了怀疑。一些进步的思想家们渐渐从传统的偏见、神学的教条、基督教会和专制政权的压制下解放出来，相信人类应该以理性的力量谋求现实的、世俗的幸福。

在这个前提下，宗教上的无神论、哲学上的唯物主义、政治上的民主政体主张和经济上的自由发展观点纷纷兴起，形成了广泛涉及宗教、哲学、伦理学、经济学、史学、美学等领域的新思想运动，这就是历史上著名的启蒙运动。在运动的过程中，出现了各种学说体系和许多著名的代表人物。

"启蒙"，就是开启智慧，通过教育和宣传，把人们从愚昧、落后、黑暗的封建社会中解放出来，使人们摆脱教会散布的迷信和偏见，从而为争取自由和平等去斗争。

启蒙运动历时一个世纪之久，启蒙思想涉及多个领域，如宗教、哲学、伦理学和教育等。各个领域群星灿烂、人才辈出，涌现出了大批的代表人物，如文学家车尔尼雪夫斯基、别林斯基和莱辛，音乐家门德尔松等。

法国在启蒙运动中取得的成就最大，涌现出的思想家最多，理所当然成了启蒙运动的中心。法国的伏尔泰、孟德斯鸠、卢梭和狄德罗等思想家以著书立说的形式，不仅唤醒了沉睡中的法国民众，还使启蒙思想以成熟的形式登上了历史的舞台，影响了整个欧洲的革命运动。

伏尔泰（1694～1778年），原名弗朗索瓦·玛丽·阿鲁埃。他的思想对18世纪的欧洲产生了巨大影响，所以，后来的人曾这样说："18世纪是伏尔泰的世纪。"

1694年，伏尔泰生于巴黎一个富有的公证人家庭。少年时期，他在耶稣会主办的贵族学校读书。中学毕业之后，父亲一心想让他学法律，将来当法官或律师，但伏尔泰却立志成为诗人。他的确有诗人的天赋，他经常出口成章，即兴写诗。由于他写了一首嘲笑贵族的讽刺诗，结果被关进巴士底狱。

启蒙思想家伏尔泰

在狱中，伏尔泰仍然坚持创作，完成了他的第一部悲剧《俄狄浦斯》。1718年，《俄狄浦斯》在巴黎上演，获得成功，伏尔泰一举成名。

伏尔泰成名之后仍然写讽刺诗嘲笑法国贵族，结果遭到贵族子弟的毒打，第二次被关进巴士底狱。出狱后被驱逐出境。他不得不流亡到英国。在伦敦，伏尔泰以新奇的眼光观察了英国的政治制度和经济生活，研究了唯物主义哲学和牛顿的物理学。他还接触到了英国新兴文学，对莎士比亚的戏剧产生了浓厚的兴趣，并把他的剧作翻译介绍到了法国。

1743年，伏尔泰发表了《哲学书简》。在这部书里，他赞扬英国革命所取得的成就，批评法国封建制度，宣传唯物主义哲学思想。

伏尔泰认为人一生下来就应当是自由的，在法律面前应当人人平等。他主张在法国建立一个在"哲学家"引导下，依靠资产阶级力量的开明君主制，国内有言论出版自由，等等。

他反对天主教会，激烈谴责教士的贪婪和愚民的说教，他称天主教主教为"恶棍"，称教皇为"两足禽兽"，号召人民粉碎教会这个邪恶势力。此书一出版，即被法国政府判为禁书，并当众烧毁。

作为一名哲学家、历史学家、作家和启蒙思想家，伏尔泰为反对宗教愚昧和不平等的社会秩序而大声疾呼。他曾大胆地攻击教会说："众所周知，所谓宗教审判和天堂、地狱之说，不过是为了提高教皇和主教的权威而已。这些漂亮的谎言充分显示了基督王国的伪善。"

伏尔泰认为，自由平等是自然赋予人类的权利。在政治上，他希望以改良的方式变君主专制为君主立宪，这反映了当时法国大资产阶级的利益。

伏尔泰的思想对其他启蒙家有过不同程度的影响，被公认为是他们的导师，在动摇封建专制制度、为资产阶级革命制造舆论方面起了巨大的作用。

在启蒙思想家中，孟德斯鸠（1689～1755年）的"三权分立"为资产阶级的国家和法学理论奠定了基石。

孟德斯鸠

孟德斯鸠出身贵族，曾在法院供职十余年，极为熟悉封建专制的专横、残暴和腐朽。他曾周游欧洲，考察各国政治、法律、社会习俗、宗教信仰、风土人情，写了《波斯人信札》《罗马盛衰原因论》等鞭挞封建专制、批判宗教的代表作，轰动了欧洲学术界。

1748年，孟德斯鸠发表了他一生钻研的成果《论法的精神》。在这部法学巨著中，孟德斯鸠提出了"三权分立"的学说。

他站在资产阶级的立场上，全面阐述了国家的起源、本质、政体、职能、分权以及法律等理论，为资产阶级国家机器的构成提供了基础理论。孟德斯鸠把国家权力分为立法、行政和司法三种，主张由君主执掌行政权，议会行使立法权，法院专事司法权；三种权力相对独立，互为制约，以防专制倾向，保障公民的安全和自由。

孟德斯鸠还以英国的君主立宪为楷模，把介于共和和专制之间的君主政体奉为理想，反映了大资产阶级的参政愿望和向王权妥协的倾向。

"三权分立"学说为资产阶级政治和法律制度的建立提供了重要的理论依据，一直为各国资产阶级所推崇。1789 年，法国大革命的兴起和发展，直接受到了孟德斯鸠思想的影响和推动。

在 18 世纪法国启蒙思想家中，让·雅克·卢梭（1712～1778 年）的思想最为激进，集中体现了资产阶级民主革命派的政治理想。

卢梭出身平民，曾遍尝人生艰辛，对中下层人民在封建专制下的境遇感同身受。1754 年，卢梭在《论人类不平等的起源和基础》一文中指出："私有制使人类失去了天赋的自由和平等，贫富不平等发展的顶峰是专制制度；以暴力推翻暴君合理合法。"卢梭反抗专制的呼声启示并预言了即将到来的法国资产阶级大革命。

在 1762 年发表的论著《社会契约论》里，卢梭进一步提出了"天赋人权"的学

启蒙思想家卢梭

说：人生而自由平等，国家应是社会契约的产物，主权属于全体人民所有。一旦统治者破坏了这种契约，人民就有权推翻它。

卢梭的这种政治观点被资产阶级革命派奉为"革命圣经"。法国大革命提出的"自由、平等、博爱"的口号，实际上是卢梭这种思想的体现。

18 世纪法国《百科全书》的编撰和出版，汇集了启蒙运动的成果。

《百科全书》的主编是法国启蒙思想家德尼·狄德罗（1713～1784 年）。

狄德罗

当伏尔泰、孟德斯鸠等人誉满天下时，狄德罗还只是个默默无闻的家庭教师。1745年，狄德罗受聘主编《百科全书》。为此，他付出了全部精力，虽然屡遭专制统治阶级迫害，仍然不改其志，终于以二十余年的时间完成了这部35卷本的巨著。

狄德罗吸引了大批启蒙思想家如伏尔泰、孟德斯鸠、卢梭、霍尔巴赫、爱尔维修、达朗贝尔、孔狄亚克等为《百科全书》撰稿，通过传播新思想、新科学、反对宗教愚昧和封建专制，掀起了一场精神上的革命。以狄德罗为代表的唯物主义启蒙思想家因而获得了"百科全书派"的称号。

除了法国以外，启蒙运动在英国、德国、意大利、美国、俄国等都涌现出一批思想家，形成了欧洲资产阶级思想文化运动的高潮。德国哲学家康德指出："启蒙时代的到来，意味着人类已经步入了成熟阶段。理性的成熟，正是促使人类不断追求完美生活的原动力。"

18世纪的启蒙运动，为人类开了争取自由的先声。启蒙运动是欧美资产阶级革命的前奏和准备，它的影响是极为深远的。

变革意义

启蒙运动是发生在18世纪欧洲的一场反封建、反教会的思想文化革命运动，是一场深刻的变革。它为资产阶级革命做了思想准备和舆论宣传。首先，它的矛头是封建制度及其精神支柱天主教会，因此为即将到来的法国大革命作了充分的思想准备。其次，启蒙思想家宣扬天赋人权、三权分立、自由、博爱、平等，而且这些思想迅速在欧美传播，形成了强大的社会思潮，动摇了封建统治的思想基础，推动了资本主义的发展，对欧美的资产阶级革命起了影响和推动的作用，促进了欧洲社会的进步，而且对亚洲国家的思想解放起了催化作用。

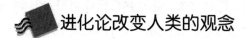

进化论改变人类的观念

变革掠影

【**变革时间**】19 世纪 50 年代

【**关键人物**】达尔文

【**历史影响**】"进化论"的提出破解了一直困扰人类的关于生命起源和进化的谜题，动摇了唯心主义、形而上学在生物学中的统治地位，开辟了近代生物科学的广阔前景。

更为重要的是，达尔文的"进化论"解放了人类的思想，在社会领域产生了深远的影响，对各国的资产阶级革命和改良运动起到了积极的推动作用。

历史纵深

1859 年 11 月 24 日，在这很平常的一天里，英国伦敦却因为一本书而陷入疯狂状态。这本书就是英国伟大的博物学家、进化论学说的创始人查尔斯·罗伯特·达尔文的巨著《物种起源》。

在这本书中，达尔文以全新的生物进化思想推翻了"神创论"和"物种不变"理论，第一次在完全科学的基础上创立了进化生物学。一门崭新的学科从此诞生。

1809 年 2 月 12 日，达尔文出生在英国的施鲁斯伯里。他的祖父和父亲都是当地的名医，家里希望他将来继承祖业，他 16 岁时便被父亲送到爱丁堡大学学医。

但达尔文从小就热爱大自然，尤其喜欢打猎、采集矿物和动植物标本。进到医学院后，他仍然经常到野外采集动植物标本。父亲认为他"游手好闲"、"不务正业"，一怒之下，于 1828 年又送他到剑桥大学改学神学，希望他将来成为一名"尊贵的牧师"。

但达尔文对神学院的神创论等学说十分厌烦，他仍然把大部分时间用在听

进化论的创始人——达尔文

自然科学讲座上，自学大量的自然科学书籍。除此之外，他还热心于收集甲虫等动植物标本，对神秘的大自然充满了浓厚的兴趣。

1831 年，达尔文从剑桥大学毕业。他放弃了待遇丰厚的牧师职业，依然热衷于自己的自然科学研究。这年秋天，一艘叫做"贝格尔"号的皇家舰艇在英国德文港扬帆出海。为了调查南美洲最南端的海岸，英国政府才组织了这样一次探险航行。达尔文经人推荐，以"博物学家"的身份，自费搭船，开始了漫长而又艰苦的环球考察活动。

"贝格尔"号舰长兼探险队队长费兹洛伊曾经根据达尔文的鼻子判定，他绝不是一个科学家的材料，而是一个意志薄弱之辈。其实，虽然达尔文的肉体孱弱多病，他的意志却是坚忍不拔、百折不挠的。

达尔文每到一地总要进行认真的考察研究，采访当地的居民，有时请他们当向导，跋山涉水，采集矿物和动植物标本，挖掘生物化石，发现了许多没有记载的新物种。他白天收集各类岩石标本、动物化石，晚上又忙着记录收集经过。

1832 年 1 月，"贝格尔"号停泊在大西洋中佛得角群岛的圣地亚哥岛。水兵们都去考察海水的流向。达尔文和他的助手背起背包，拿着地质锤，爬到山上去收集岩石标本。

在考察过程中，达尔文根据物种的变化，整日思考着一个问题：自然界的奇花异树、人类万物究竟是怎么产生的？它们为什么会千变万化？它们彼此之间有什么联系？这些问题的答案越来越清晰，逐渐使他对神创论和物种不变论产生了怀疑。

1832 年 2 月底，"贝格尔"号到达巴西，达尔文上岸考察，向船长提出要攀登南美洲的安第斯山。当他们爬到海拔 4000 多米的高山上时，达尔文意外地在山顶上发现了贝壳化石。

经过反复思索，他终于明白了地壳升降的道理。达尔文脑海中一阵翻腾，对自己的猜想有了更进一步的认识："物种不是一成不变的，而是随着客观条件的不同而相应变异！"

达尔文乘"贝格尔"号舰度过了长达 5 年的探险生活。虽然在此期间累垮了身体，种下了病根，但他却探索了大自然的奥秘，积累了大量的笔记和标本，为他日后成为一个世界知名的伟大学者奠定了坚实的基础。

达尔文在 1836 年随舰回到英国。当他整理带回来的笔记和标本时，发现了一个问题："各种生物均拥有与其生存环境相同的生理机能。"这个问题日日夜夜困扰着他，使他得不到片刻安宁。他本来是对这一问题持怀疑态度的，但仍反复思考，认真研究。为了找出生物的适应法则，他把野生的和经人类驯化了的植物变种，一一加以比较、分析，然后把结果做成笔记，孜孜不倦，反复求证。

1839 年，即探险回国后的第三年，达尔文将他的研究心得写成了一种暂定提纲的形式。再过三年，即 1842 年。他一家迁至肯特的乡间别墅。有了安静的环境，他便将提纲扩展成一份 35 页的概要。

到 1844 年夏天，他又扩充到 230 页。直到 1858 年方接近完成，但在准备公开发表时，却又平地掀起了波澜。

原来他满以为他所研究的课题，是生物学领域上一片没有人愿意去开垦的处女地，岂料在 1858 年 6 月的一个清晨，他收到了华莱士的来信，此时他方知对方一直在同一片处女地上辛勤耕耘。这种惊人的巧合使达尔文产生了将自己的著作付之一炬的想法。不过他们最终找到了一个妥善的解决办法——作为共同的研究成果，于 1858 年 7 月 1 日在伦敦林奈协会的例会上正式发表。

奇怪的是，论文宣读之后，与会的三十多位学者并没有感到惊讶。而在 1859 年，该书以《物种起源》的书名正式出版时，却招来一阵剧烈反应，像暴风骤雨一般。

这部著作的问世，第一次把生物学建立在完全科学的基础上，以全新的生物进化思想，推翻了"神创论"和物种不变的理论。《物种起源》是达尔文进化论的代表作，它的出版标志着进化论的正式确立。

达尔文在序文中说："……物种并不是永远不变的；相反的，同一系统的生物种类有时正是别种（今天大多已灭种）的子孙。并且我相信，自然淘汰势必引起生物的改变，虽然不能说这是引起改变的唯一因素，但可以说是主要的因素。"

达尔文在书中认为人类是由动物——类人猿进化而来的观点，弄得舆论哗然，报纸杂志上的讽刺文章和漫画连篇累牍。英国幽默杂志《笨拙》就刊登过一幅猩猩的漫画；有些刊物则将达尔文画成一只全身长毛的猴子。

赫胥黎

《物种起源》的出版，在欧洲乃至整个世界都引起轰动。它沉重地打击了神权统治的根基，从反动教会到封建御用文人都狂怒了。他们群起攻之，诬蔑达尔文的学说"亵渎圣灵"，触犯"君权神授天理"，有失人类尊严……

但进步的思想家们则以一种坚决的态度拥护达尔文和他的进化论学说。1860年，将达尔文的进化论视为异端邪说的牛津枢机主教威尔福克斯在牛津举办的英国学术协会上与一位科学家展开一场激烈辩论。这位英国科学家便是皇家研究院讲师赫胥黎，他无畏地捍卫达尔文的学说。

会上，那位枢机主教以讽刺的口吻质问道："如果说猴子是人类的祖先，那么请问，猴子是你祖父一系的祖先呢，还是你祖母一系的祖先？"

赫胥黎反驳道："我并不以为有一个猿猴祖先就是丢人，但如果有一个为了撒谎、偏见，而利用教养、口才攻击他人的祖先，我才会感到羞耻。"

其实，进化论并不是达尔文的首创，古希腊学者早已提及。18世纪法国的拉马克、达尔文的祖父伊拉斯莫斯·达尔文、英国哲学家斯宾塞都曾提出过进化论的学说。

达尔文比这些科学家的高明之处，是拿得出具体的例证。他运用大量的科学资料一刀砍断了上帝和人类的联系，将亚当、夏娃和伊甸园的故事一扫而空，使世人能从《圣经》教义的催眠术中清醒过来。达尔文用勤劳和智慧写成的《物种起源》，是一部空前的、关于人类进步的"圣经"。

《物种起源》出版之后，达尔文又开始他的第二部巨著《动物和植物在家养下的变异》的写作，以不可争辩的事实和严谨的科学论断，进一步阐述他的进化论观点，提出物种的变异和遗传、生物的生存斗争和自然选择的重要论点，并很快出版这部巨著。晚年的达尔文，尽管体弱多病，

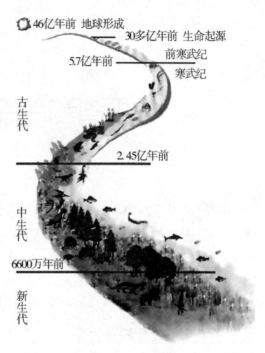

达尔文"进化论"揭示的生命历程

但他以惊人的毅力，顽强地坚持进行科学研究和写作，连续出版了《人类的由来》等很多著作。

变革意义

进化论的创立不但是人类历史上的重大科学突破，更是一次伟大的思想变革。进化论打向了被宗教神学长期盘踞着的顽固堡垒，沉重地打击了神权统治的根基，从根本上推翻了"神创论"和物种不变论，有力地打击了"目的论"。

更为重要的是，进化论轰开了人们的思想禁锢，启发人们从宗教迷信的束缚中解放出来，是人类思想史上划时代的大事。从此人类对世界的认识发生了根本性的变化。

进化论对人类正确认识自身在自然界的地位有重要意义，为辩证唯物主义观点提供了自然史的基础。因此广大科学家们热烈欢呼进化论的诞生，认为达尔文发现了我们星球上有机界的发展规律。

法律和制度变革

　　法律和制度是人类社会发展到一定阶段的必然产物。不管是奴隶社会为奴隶主贵族们服务的法律和制度，还是封建社会为地主阶级服务的法律和制度，直至今天为资产阶级和无产阶级服务的法律、制度，都有一个共同的特点——都是被国家赋予强制性的社会规范。

　　从历史的经验来看，凡是符合历史发展潮流的法律和制度都是先进的，都能够促进社会文明的进步。反之，一切不符合历史发展规律的法律和制度都是反动的，都对文明的发展具有强大的阻碍，甚至是破坏作用。

　　由于法律和制度属于上层建筑的范畴，所以其一旦形成就具有强大的稳固性。这种稳固性致使法律和制度的变革在历史上并不频繁，而其一旦变革成功就会对历史产生极大的影响。

 ## 《汉谟拉比法典》的颁布

变革掠影

【变革时间】约公元前 1793 年始拟，完成于巴比伦王国统一之后

【关键人物】汉谟拉比

【历史影响】《汉谟拉比法典》是古巴比伦文化的一部分，也是人类文明史上的一次重大法律变革，它的颁布标志着古代西亚法律制度的进步和国家的成熟，对之后的古代西亚及西方法律文化产生了深远的影响。

历史纵深

1901 年 12 月，一支由法国人和伊朗人组成的考古队进入伊朗西南部一个叫苏撒的古城遗址。他们对遗址进行了仔细的发掘工作。一天，考古学家发现了一块黑色玄武石，几天以后又发现了两块。他们将三块玄武石小心翼翼地拼接起来，人们惊奇地发现，那竟然是一个椭圆柱形的石柱。

石柱的上方刻着两个人的浮雕像：一个人威严地坐在那里，右手还举着一根短棍；另一个人则站着，双手打拱，好像在朝拜。石柱的下部则刻满了楔形文字。考古学家们一下兴奋了，因为这根石柱就是传说中的《汉谟拉比法典》。

《汉谟拉比法典》是公元前 18 世纪古巴比伦王国国王汉谟拉比颁布的，因为是雕刻在石柱上的，又称《石柱法》。

巴比伦作为一个城市，是阿摩利人大约在公元前 1894 年建立的。起初，这是个弱小的城邦，到第六代王汉谟拉比（约公元前 1792～前 1750 年在位）时期，才逐渐强大起来。

汉谟拉比法典浮雕

汉谟拉比是个具有聪明才智的国王。他利用原先实力较强城市在争霸中已经被削弱的机会，采取远交近攻的策略，先同拉尔萨结好，征服了伊新；然后又与马里联盟稳住北面，征服了拉尔萨。这使盟邦马里非常疑惧。汉谟拉比又集中力量征服了马里。大约先后经过 35 年时间，汉谟拉比完成了幼发拉底河、底格里斯河两河流域的统一。自此，古巴比伦城便长期成为两河流域的经济和文化中心。

汉谟拉比在统一两河流域过程中，建立了中央集权的专制制度。他控制国

刻有《汉谟拉比法典》的石柱

家的一切：官员的任命与调动、军队的活动、地方政权的作为等，都在汉谟拉比严密控制之下。在经济方面他也加强了对国内的控制。

他还控制神庙财产，要求神庙的官吏向他报告账目。随着两河流域的统一，奴隶制私有经济得到发展，社会关系也日趋复杂，制定法典来代替过去不成文的习惯法已成为发展趋势。过去拉尔萨、伊新都制定过保护奴隶主利益的法典，但都不完备、不定型，夹杂着很多习惯法的东西，不符合汉谟拉比的要求，所以他在即位第二年就准备制定《汉谟拉比法典》，但其完成是在他统一两河流域以后。

《汉谟拉比法典》分前言、正文和结语三大部分。前言主要宣扬国王的权力来自神意，宣扬汉谟拉比的功绩，实际上也是对石碑上端浮雕的解释。结语主要宣扬汉谟拉比法典的"公平"和"正义"，希望垂之后世，并且诅咒那些敢于破坏法典的人。

正文共有282条，可分为9部分。第1～5条，是关于审判的规定；第6～25条，是关于盗窃动产和奴隶的规定；第26～88条，是关于各种不动产的占有、继承、转让、租赁、抵押等方面的权利和义务的规定；第89～126条，是关于借贷、经商、债权方面的规定；第127～194条，是关于婚姻、家庭的规定；第195～214条，是关于伤害不同地位的人予以不同处罚的规定；第215～240条，是关于各种职业人员的报酬和责任的规定；第241～277条，是关于租用工具、牲畜及雇工的规定；第278～282条，是关于奴隶的规定。

综观汉谟拉比法典，它记载了当时社会的几个突出问题。第一是等级制度。王室是最高等人。其他人分三个等级：阿维普——有公民权的自由民，穆什根努——无公民权的自由民（依附王室的人），完全无权的人——奴隶。

不同等级的人，在法律地位上显然不同。例如，法典规定：伤害了阿维普的眼睛或骨头，必须受到同样损害的惩罚；伤害了穆什根努的眼睛或骨头，只需赔偿他一些银子（约505克）；伤害了奴隶的眼睛或骨头，则只需向奴隶主赔偿奴隶身价的一半。

从经济地位上看，阿维普中有奴隶主，也有非奴隶主的自由民。穆什根努情况更复杂，有耕种王室土地的"纳贡人"，也有领得土地的祭司、商人等相对富有的奴隶主。至于奴隶，则完全是奴隶主的财产，没有任何人身自由可言。

第二是复杂的土地制度。国王拥有大量土地，但不搞大规模的奴隶制经济，主要由依附于王室的自由民分散经营。具体情况分三类：第一类是祭司、商人，他们领得土地，作为替国王服务的报酬。这种土地可以买卖，但买者必须接替卖者为国王服务。这类人不从事生产，是富有的奴隶主。第二类是负担兵役的人，他们领取土地是作为服役的报酬。如果他们在战争中被俘，其儿子可以接替其父服役，就可以继续占有那块土地；如果被俘者"子尚小"，就只给三分之一土地，让被俘者的妻子抚养孩子。这类靠服役为条件领取小块土地养家糊口，属于直接从事劳动的小生产者。第三类就是"纳贡人"，他们领取土地耕种，向国王交纳租税。第二、三类人都无权出卖转让他们从国王处领取的土地，但对于自己买得的土地是有权出卖的。

至于拥有公民权的阿维普的私有土地，则是可以转让、出租、抵押、买卖的。在国王的法典中，也可以看出国家对于私有土地的让渡是完全承认的。

第三是奴隶制有了很大发展。汉谟拉比法典中讲到奴隶分属三类人：宫廷奴隶、公民私人奴隶、穆什根努的奴隶。国王占有大量奴隶，称为"公共奴隶"，可以由国王随意调动。私人占有奴隶也由过去的一两个发展到几十个。奴隶是可以买卖的私有财产。

法典规定一个奴隶价格是20合克勒（合168克银子），相当于一头牛的价格。实际上奴隶价格因人而异。男奴由最低价6～10合克勒到最高价90合克勒不等；女奴由最低价的不到4合克勒到最高价84合克勒不等。

第四是自由民的进一步分化。奴隶制的发展必然引起自由民的分化。阿维普和穆什根努中的少数人变成了奴隶主，多数人的生活则日益恶化。

当时高利贷十分盛行。法典规定，贷金利率为33.33%，贷银利率为20%。借债要有人质，这就是债务奴隶。由于沦为债务奴隶的自由民越来多，直接影响了国家的税收来源，于是法典作了限制：如果人质是自由民，要为债主劳动三年，第四年释回；不许依附于王室的人以所使用的王室财产抵债，只许以自己买得的那份田地房产抵债。

《汉谟拉比法典》是两河流域保护奴隶主阶级利益的第一部最完备的成文法典，其阶级属性非常明显。第一，法典严格保护奴隶主对奴隶的所有权。法典规定：拐带奴隶、窝藏逃亡奴隶者处死，捕还逃亡奴隶者有奖；理发匠剃去奴隶的发式标记者要断其指，如有人骗理发匠这样做，就要处以死刑。

第二，法典严格保护奴隶主的经济利益。法典规定：租种他人土地的人，要交租金，或交收成的 1/3 或 1/2 给田主，如果遭了灾，损失只由租地人一方承担。

法典也保护高利贷者的利益，除规定高额利息外，还规定债务人如无谷子、银子还债，应以其他动产做抵押；窃贼要处死或处以重罚，这一条表面看似乎是"公平"的，但实际上拥有大批私有财产的只是王室成员和奴隶主。

第三，法典极力维护奴隶主阶级所需要的社会秩序。法典规定：如有人打了居高位的人的嘴巴，鞭笞 60；如奴隶打了自由人的嘴巴，或否认自己的主人，均处以割耳之刑。为了维护统治阶级所要求的秩序，法典还对各种工匠、帮工的日薪做了规定，如帮工的日薪为：忙时每天给银 6 塞（1 塞合 0.046克，计合 0.276 克），闲时每天给银 5 塞（合 0.23 克）。

《汉谟拉比法典》中还保留了一些氏族时代习惯法的残余。例如，法典规定：伤人眼者还伤其眼，折人骨者还折其骨，落人齿者还落其齿；为人筑屋者如因工程不固，屋塌致主人于死，其本人处死刑，如致屋主人之子于死，则其子应处死刑。这些规定显然是氏族时代同态复仇的残余。

变革意义

《汉谟拉比法典》的制定和颁布是古代西亚在法律方面的一次伟大变革。它消除了原来各城邦的立法，把全国法令统一起来，成为了古巴比伦王国奴隶制中央集权强大的标志之一。

法典还巩固了巴比伦王国的统治秩序，加强了奴隶主阶级的统治，促进了古巴比伦王国社会经济的发展，使巴比伦城成为两河流域经济、文化的中心。

不管是后来的巴比伦国还是外来征服者，都保留了巴比伦王国已有的社会秩序。

另外，《汉谟拉比法典》对各种法律关系作了比较全面的规定，特别是有关债权、契约、侵权行为、家庭以及刑法等方面的规定所确立的一些原则：如关于盗窃他人财产必须受惩罚，损毁他人财产要进行赔偿的法律原则以及诬告和伪证反坐的刑罚原则，法官枉法重处的原则等，均对后世立法具有重大影响。后来古代西亚各国制定的法律，都不同程度地继承了《汉谟拉比法典》的条款。

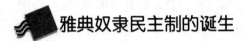雅典奴隶民主制的诞生

变革掠影

【**变革时间**】开始于公元前594年，正式确立于公元前506年

【**关键人物**】梭伦、庇西特拉图、克利斯提尼

【**历史影响**】雅典民主政治制度的确立具有很大的首创性，是历史上的一次伟大的变革。它使雅典的经济、政治、军事、文化发生了巨大的变化，对古希腊、古罗马，乃至后世欧洲诸国产生了深远的影响。今天的民主制中仍能看到雅典民主制的身影。

历史纵深

梭伦、庇西特拉图、克利斯提尼等人是雅典奴隶主阶级民主政治的奠基人。他们首创的"公民"、"公民权"、"公民大会"等政治规定，至今还影响着人类社会的发展。

雅典民主政治是指以公民大会形式行使职权的政治制度，其开始于公元前594年，正式确立于公元前506年，结束于公元前4世纪。

公元前6世纪初，雅典已分裂为很多派别，斗争相当激烈。经济上广大贫民被贵族的高利贷、土地兼并、债务奴隶制逼得走投无路，被迫起来与贵族展

开经济斗争。同时，受贵族剥削较轻的上层平民——工商业奴隶主也参加了斗争。

政治上贵族长期独揽大权，广大贫民受着非人的迫害，连富裕的工商业奴隶主也没有权利，所有的平民都被压得喘不过气来，于是又与贵族展开了激烈的政治斗争。

正是在这种水深火热、斗争激烈的情况下，广大下层平民于公元前594年前夕准备好了暴力改革。贵族们见此吓得魂飞魄散，不得不勉强同意平民支持的梭伦出任首席执政官。梭伦任职后，立即进行了重大改革，从而使雅典民主政治得以开始。

梭伦出身于贵族，后来破落经商。他富有智慧，具有杰出的才能，集商人、诗人、哲人、军事家、改革家、卫国英雄于一身，深受平民的欢迎和拥护。他的政治观点与工商业奴隶主一样，反对贵族的独断统治，要求改革，是新兴工商业奴隶主的重要代表。

梭伦改革，是世界史上著名的一次改革，它给雅典带来了空前的民主光辉。梭伦改革虽然实质上是一次重大的政治改革，但是，它是建立在经济改革这一根本基础之上的。

梭 伦

首先，梭伦颁布实行了最重要、最有名的"解负令"，规定平民所欠的公私债务一律取消，所订债契全部作废，释放因欠债而卖身为奴的平民，赎回被卖到国外做奴隶的平民，永远禁止人身奴役和买卖奴隶。

"解负令"驱走了贵族经济上残酷统治的黑暗，给广大平民带来了光明，特别是废除了平民最痛恨的债务与债务奴隶制，使广大下层平民的经济状况一下子有了改善。当然从中获得最大好处的是工商业奴隶主，他们的经济收入得到了迅速增加。

其次，梭伦又采取了一系列有利于工商业、对外贸易发展的重大措施。例如，规定父亲必须教会儿子一门手艺，否则儿子可拒绝赡养父亲；大力鼓励外籍技工迁居雅典；改革度量衡、币制。这些措施都有力地保证了工商业技术水平的不断提高，使工商业的发展有了很强的技术保障，大大地加快了对外贸易的发展。

政治上，梭伦也进行了大刀阔斧的改革。首先，他废除了贵族政治上的世袭特权，雅典公民按财产资格划分四个等级，不同的等级享有不同的政治权利。

第一等级是每年收入达500麦斗者（每一麦斗约52.53升），称"五百斗级"，任执政、司库及其他一切官职；第二等级是收入达300麦斗者，称"骑士级"，除不得任司库外，其他政治权利都可享有；第三等级是收入达200麦斗者，称"牛轭级"（有牛耕田者），任低级官职；第四等级是收入不到200麦斗者，称"日佣级"，无权担任官职，只享有其他等级都享有的充当陪审法庭陪审员的权利。

这一改革内容结束了氏族贵族的寡头政治统治，使工商业奴隶主阶级得以扬眉吐气，挤进了统治阶层，扩大了统治阶级的基础，同时也使广大下层平民获得了一定的政治解放。

梭伦又规定军事义务也按等级享有。第一、二等级充当骑兵，自备战马，战船也由自己出资建造并任船长（后来逐步变成主要由国家出资造船）；第三等级充当重装兵；第四等级任轻装步兵和战船上的水兵桨手。

这一改革迫使富裕阶级也出一定的人力、物力，从而减轻了国家的军事负担，减轻了对广大平民的经济剥削，国家的军事力量也得到了增强。

来自第三等级的重装兵是陆军主力，来自第四等级的水兵随着海军的发展也变得日趋重要。第三、四等级的力量逐步成了雅典民主政治的主要动力，从而为雅典民主政治的发展、正式确立提供了强大的军事后盾。

梭伦恢复了一度被解散的公民大会，规定它仍拥有国家最高立法权，又赋予它决定战争、和平等国家大事、选举各级官吏的权力。这有力地限制了贵族对国家大事决定权、官吏选举权的垄断，从而使工商业奴隶主也享有以上权利，广大下层平民也获得了一点权利。

梭伦设立了新的政府机关——四百人会议，作为国家最高权力机关。除第四等级外，大多数公民都可参选，成为遏制贵族垄断大权的得力工具。

梭伦还制定了新法，规定除杀人罪外，其他犯罪都不能处以死刑；任何公民都有权对损害自身或他人的人提出控告；禁止买卖婚姻，保障妇孺孤寡。这一法律有力地限制了贵族滥杀无辜的丑恶行径，使人们的人身安全、自由有了一点保障。

梭伦还建立了陪审法庭，审理公民投诉或上诉的案件，每个公民都有上诉权，这有力地打破了贵族对司法的垄断，加快了司法的民主化。

梭伦改革虽然意义重大，但是它与贵族之间有着很大的妥协，没能从根本上动摇贵族的统治地位，贵族仍然压迫着广大平民，尤其是下层平民仍被残酷地剥削着、压迫着，贵族只不过是不再垄断统治大权罢了。

因此，平民与贵族仍然继续斗争，并且斗争不断地升级，致使雅典政局又剧烈动荡。面对这种情况，梭伦也无能为力，最后引退出国。

此时，山地派领袖庇西特拉图乘机大显身手。他积极做好夺权准备，于公元前541年做了僭主，实行了僭主统治。但庇西特拉图的僭主统治较为开明，所以，雅典民主政治并没有倒退、断流，不仅如此，还得到了发展。

庇西特拉图属于农民组成的山地派，因此对农民比较关心，对其他平民的统治也较为宽厚。经济上，他帮助农民发展生产；促进工商业进一步发展；与相邻的城邦、国家、地区关系比较友好，便利了对外贸易的发展。他积极推动建筑业的发展，使雅典成了希腊建筑和雕刻艺术的中心。

在政治上，他继续执行梭伦制定的公民大会、执政官选举、法律等规定；把司法集中于城邦政府的同时，又设立了乡村巡回法庭，就地解决纷争，削弱贵族对地方司法的干扰。他还经常四处视察，解决偏远山区农民提出的问题。这一些措施都受到了平民的称赞，因此，虽然庇西特拉图搞了私人卫队，建了豪华宫廷，但平民对他的统治仍口皆碑。

亚里士多德评价他时说："庇西特拉图处理国政是温和的，是宪法形式的，而不是僭主的；他每事仁慈温厚，对待犯法的人尤其宽大……在他统治时期，从不与大众为难，总是致力和平，保持稳定；因此人们说庇西特拉图的僭政有如黄金时代。"

庇西特拉图的统治促进了雅典民主政治的发展，为它的确立提供了有利条件，但是僭主政治再开明也是与民主政治相背而行的，因此，其统治时间一长，雅典政局又混乱起来。此时，庇西特拉图的儿子希拉斯乘机抢夺了僭主地位。

希拉斯没有继承其父的仁政，而是奢侈腐败到极点，统治极其残酷。公元前510年，雅典公民把他赶出了城邦，希拉斯逃到了波斯。贵族在这时又乘机嚣张起来，实行了黑暗的统治，致使雅典民主政治大大倒退。

面对这种情况，贵族出身的革新政治家克利斯提尼挺身而出，领导平民与贵族展开了英勇的斗争。公元前508年，他在公民大会上又提出全面改革政治体制的主要纲领，得到了批准。克利斯提尼曾因此被贵族们赶下了台。但广大平民很快又于公元前506年选举他为首席执政官。克利斯提尼一上台，立即着手改革。首先，他废除了传统的按血缘关系组织的血缘部落，建立了十个按地域原则组织的地区部落，其负责人由区内雅典公民组成的公民大会选举，一年一任，负责区内诸事。

这一项改革，消除了城邦组织中的氏族残余，使公民之间的关系不再单纯是血缘关系，而变成经济、政治、宗教等多方面关系。

其次，他又从10个部落中分别选出50人，组成五百人会议，取代梭伦的四百人会议。五百人会议有着很大的权力：它为公民大会准备议案，所有议题均先经其讨论；主持召开公民大会；在公民大会闭会期间负责处理国家的大部分日常政务；它是国家的行政机构，规定把议员分成10个50人的主席团，每一个主席团一年当政1/10的时间，每日抽签选出一名执行主席，行使五百人会议的所有大权，时间是一天一夜。

五百人会议使每个公民都享有了参选权，充分发挥了每个议员的执政才能，防止了终身制和滥用职权。

再次，随着10个地区部落的设置，克利斯提尼改变了召集军队的办法，建立了十将军委员会。规定军队不再按血缘氏族部落征集，而是按地区部落组建，每个地区部落提供一队重装兵、轻装步兵、骑兵等各若干名，再从这个地区部落中选出一名将军统领，就这样建起了十将军委员会，主席由军事执政官充任。他还规定将军只有军事才能杰出且家产丰厚的人才能连选连任；将军的职位是很重要的，以后又给其增添了负责公民大会的权力。

这一改革增强了军队的实力，提高了军队的领导水平，消除了士兵之间的

记载着被流放者名字的陶片

血缘关系，增强了他们之间的军事关系，为雅典民主政治的确立、兴旺发展提供了坚实的军事后盾。

最后，为防止重新出现僭主统治，克利斯提尼制定了陶片流放法。规定五百人会议每年提请公民大会讨论一次是否该用陶片流放法。若公民大会决定该用，就召开一次全体公民大会，投票决定应该对哪位公民实行政治放逐，投票者把定罪人的名字写在陶片上，参加人数超 6000 人就可生效，票数最多者流放国外 10 年，但不动其财产。这一改革有力地保护了无辜公民的人身安全，废除了氏族贵族肆意害人且株连九族的残酷做法。

克利斯提尼的改革，是雅典民主政治发展道路上的重要里程碑，它使公民大会、五百人会议、陪审法庭、十将军委员会等重要的权力、行政机关得以健全完善，使雅典政治空前民主化、法律化、制度化，最终使雅典的民主政治确立起来。

变革意义

雅典民主政治的确立是世界历史上一次伟大的制度变革。它使雅典政治的民主化程度得到了极大的提高，民主范围大为扩大，贵族专权已不复存在，工商业奴隶主阶级掌握了一切大权，取得公民权的人数大大增加，公民有了一定的言论和行动自由，广大平民的政治地位也有了一定的改善；公民之间的关系不再是单一、狭隘的血缘关系，而是广泛的政治、经济、文化关系。

这一切都为雅典民主政治以后的发展奠定了坚实的基础。同时，也对其他国家无论是当时的奴隶制国家的政治还是后来的封建主义国家、资本主义国家的政治都产生了很大的影响，尤其对资本主义国家的政治产生的积极影响巨大。

秦王朝确立中央集权制

变革掠影

【变革时间】公元前221年

【关键人物】秦始皇、李斯等人

【历史影响】开创了中国专制主义中央集权制的封建统治，为中国两千多年的封建政治制度奠定了基础。后来各封建王朝的官职名称虽有所改变，但实质上仍是秦制的延续。中国的封建中央集权制曾对日本、朝鲜、越南等亚洲国家产生了深远的影响。

历史纵深

公元前221年，秦王嬴政消灭了东方六国，建立了统一的封建王朝，即中国历史上的秦朝，第一次统一了中国。面对着这个幅员辽阔、民族众多的国家，如何进行统治是他的首要任务。

秦王嬴政功成业就，首先令群臣议帝号。臣僚们诚惶诚恐，选择三皇中最尊贵的"秦皇"为帝号。然而秦王嬴政自以为功业盖世，前无古人，便兼取三皇五帝的尊称，定帝号为"皇帝"。又规定皇帝的命称"制"，令称"诏"，天子自称"朕"。

与此同时，他命令废除古谥法，避免"子议父，臣议君"，以维护皇帝的权威。嬴政在实现专制集权的道路上，终于迈出重要的一步。他自称"始皇帝"，希望把他开创

统一中国的秦始皇

的帝业世代传下去。为此，"始皇帝"在统一后的政治体制及其相关的问题上，又采取了一系列的措施。

关于统一后的政治体制问题，秦朝内部存在着两种对立的意见。以丞相王绾为代表的多数官员，主张在燕、齐、楚等原诸侯国所在的地区，另设封国，立秦始皇诸子为王，以便控制这些边远的地区。

廷尉李斯对此表示异议，认为周初所封子弟同姓很多，结果形成诸侯混战的局面，连周天子也无法制止。如今天下统一，他建议在全国普遍推行郡县制，用赋税赏赐有功的诸臣子，不宜再分封诸侯，以维护国家的统一安宁。

秦始皇采纳李斯的意见，决定全面推行郡县制，从而开创一整套封建专制主义中央集权制。秦王朝推行郡县制具有一定的基础。商鞅变法时期，秦国就已经开始推行这种制度了。

根据这种政治体制，秦朝在全国设立中央、地方两级统治机构，皇帝是最高的统治者。中央的行政机构设丞相、太尉和御史大夫，即秦汉时期常统称为"三公"的高级官吏。

秦王朝时期的"三公"在实际职权和官阶方面差别很大，也不同于后来的"三公制"。

秦朝分设左、右丞相，以左为尊。丞相为百官之长，即最高行政长官。他们承奉皇帝旨意，辅佐皇帝处理全国事务。秦始皇后期，李斯由廷尉擢为丞相，参与诸多重要决策。丞相职位显要，李斯本人封为列侯，当时人称之为"君侯"，地位仅次于皇帝。

李斯曾感叹说："当今人臣之位无居臣上者，可谓富贵极矣。"这是秦始皇统一以来丞相权势最盛的时期，它正折射出君权之集中。

秦初设太尉，执掌"武事"，协助皇帝处理军务。

御史大夫，执掌副丞相，其职权管辖的范围，包括监察百官，主管图籍秘书，督察地方诸郡，接受公卿奏事等，在朝廷中起着特殊的作用。

秦朝一些军国大事，往往由御史大夫的属官承办。秦军南征岭南，负责凿渠转输军粮的，就是监郡御史。秦始皇坑儒，审问诸生，办理案件的，又是御史。御史大夫的属官，最主要的有御史中丞。上述御史大夫的职权，多由中丞具体执行。

丞相之下，分设"九卿"。他们是一些职秩较低的中央高级官吏，主要掌管宫廷事务，或者封建国家某项政务。

奉常，职掌宗庙礼仪，负责祭祀之事。秦始皇设博士官70人，"掌通古今"，即"备顾问"，也归并在奉常所属机构中。

郎中令，掌禁中侍卫皇帝诸职。赵高在秦二世即位之初，曾任此职，自称"居上位，管中事"。这是皇帝的近侍之臣，所辖机构庞大，其中以郎官人数最多。

卫尉，主宫廷守卫之职，包括宫门兵禁、屯卫宫殿、值宿徼巡，等等。如秦朝

秦丞相李斯

末年，秦二世在望夷宫斋戒，不仅宫门有士兵防守，而且四周有卫士警卫。

太仆，掌宫廷车马。皇帝出行，则主持仪式，出宣诏命。秦朝沿袭古制，分设车官、马官，又置太仆统领。如中车府令，即主乘舆路车，赵高曾任此职。

廷尉，职掌刑辟，主刑罚断狱，是最高司法官。

典客，掌管少数民族入朝事务，主持接待、朝觐礼仪，典宾礼是它的主要职责。

宗正，掌管皇族事务。

治粟内史，主管封建国家的财政，如钱谷赋税收入及支出。

少府，主皇室的财政，管理山海池泽之税，供给皇室生活所需。其事务繁杂，机构庞大。

此外，中央的高级官吏还有：掌管京师治安的中尉，掌管修建宫室的将作少府，掌管少数民族事务的典属国，等等。

所有这些高级官吏，各自还有一些数量不等的属官、吏员，执行各种具体政务，组成中央庞大的统治机构。他们从丞相到诸大臣，"皆受成事，倚办于上"，一切政事均由皇帝裁夺。

秦朝的地方行政机构，推行的是郡县制。郡县制不是秦朝首创，但是秦朝

建立后，郡县制作为地方行政制度，才开始在全国普遍推行，其行政机构也更加完善了。当时全国分为 36 郡，后来因边地陆续开发，郡的辖区不断调整，全国郡数增至 40 余郡。秦朝的郡大县小，郡统辖县，是地方最高的行政机构。郡设郡守和郡尉，中央另设监御史。

郡守是郡的最高行政长官，主管一郡的政事，诸如郡内的民俗风情、农桑垦殖、司法治安、属县吏治、兵事军务，等等。由于郡守负有治理地方之责，职重权大，秦对郡守的选任相当重视。

郡尉协助郡守，掌管军事，职位比郡守稍低。除了掌军务之外，有时郡尉也统兵作战。秦朝开发岭南地区，即由郡尉屠睢将兵击越人。

监御史执掌监郡，隶属于御史中丞，是中央监察地方的官员。其职责及地位特殊，既监察地方行政，也执行某些重大使命。

此外，京师为都城重地，所在郡县不设郡守，另设内史掌治京师，地位相当于列卿。

郡下分若干县。县的行政长官称县令，不满万户的县称县长，掌管一县的政务；县设县尉，主管县内的治安、征发戍卒等；又设县丞，协助县令、县长，并掌握司法。在少数民族聚集的地区设"道"，道与县并行，性质同县的行政机构类似。

县下设乡。乡有三老，掌教化；有啬夫，主管司法、赋税；有游徼，管理治安。乡之下为里，里设里正，又称里典。里中有什伍的组织。

此外，秦时还有"亭"的设置。它的职能，主要是维持地方治安，传递文书等。"亭"设亭长、求盗等亭吏。秦朝末年，刘邦以泗水亭长的身份，为县送刑徒于骊山，基本上与上述职能相符。其隶属关系，则更像县的派出机构，而不属于乡管辖。

随着上述政治制度的推行，秦朝关于官吏的选任、考课、赐爵、秩俸等，也有一整套相应的制度。

在官吏选任方面，秦朝沿袭商鞅变法以来的制度，废除世卿世禄制，实行"以功授官"的封建官僚制。在这种制度下，以军功授官是选任官吏的主要途径。一些在统一战争中立有军功，或者有特殊贡献的人员，秦始皇相继授予各种不同的官职。对高级武官的任用，有的恩宠备加，甚至成为几代人相袭的官职。秦将蒙恬及其父祖，还有王翦和他的子孙，都是三代相袭为高级将领。显赫的军功不仅是仕进的阶梯，也是子孙袭封为武官的条件。

然而，随着国家的统一，频繁的战争减少了，以军功选官的办法，已不能完全适应新形势的要求。尤其秦朝加强中央集权的各项措施相继推行，全国政事日益增多，封建国家各级机构需要各种人才，因此其他的选官途径也同时并行。如征聘士人从政，或从低级吏员中征举人才，就是其中一种。

对于低级官吏的选任，秦朝实行由地方推举的办法。这种选官方式，不仅要受财产、品行、年龄等条件的限制，而且被推举者还要经过试职，才可以正式任用。刘邦在秦朝时，"及壮，试为吏"，即经过试职，而后被任命为泗水亭长。

此外，盛行于秦昭王时期的任选制，或称保举，大约秦统一初期还在实行。这是由官吏荐举人才，并作担保，官府加以任用的选官方式。如秦王嬴政时期，李斯入秦，就是由吕不韦保任为官的。但是，如果保举违制，或所任不当，保举者将受到惩罚。

秦朝对地方官吏的考课，实行的是"上计"制。即每年年终，由地方派人到京师上计簿，上报辖区治状。上计的内容十分广泛，如农桑、户口、赋税、钱粮、治安、断狱等，以便中央了解各地的政情风俗，考察地方官吏的政绩，并作为官吏升迁赏罚的根据。

秦朝的赐爵制，源自秦国的赐爵制。它在全国统一后，也发生了某些变化。秦推行赐爵制，本意在于奖励军功。凡获得爵位者，可根据不同等级，享受某些特权，如入仕为官、赎罪赎身，获取田宅，役使庶子，封邑食税等。秦王嬴政即位后，仍然以军功赐爵。如公元前238年，秦平息嫪毐叛乱时，对杀敌立功者均拜爵，参战的宦者也升爵一级。但全国统一之后，赐爵出现了明显变化，即修驰道及徙边也可以授爵。

秦朝的官秩，即官阶等级和俸禄，实行的是秩石制。这就是以"石"的数字表示官阶，依照不同的官阶等级授禄。

在文化和经济上，秦始皇也采取了统一的策略，即所谓的"书同文，车同轨"。他统一了各国的文字、度量衡和货币等。这些措施对巩固中央集权制有积极的影响。

变革意义

中央集权制的确立是中国历史上一次伟大的制度变革。它利于国家的统一，对祖国疆域的初步奠定和中华民族的形成，都起了重要作用，也有利于封建经济的发展。此外，中央集权制建立了地主阶级对广大劳动人民的专制统治，而秦朝在这种制度之下实行的暴政也造成了人民处境的恶化，以致秦传二世便亡了。

但是，秦朝建立的中央集权专制统治的制度具有很大的开创性，它奠定了中国两千多年封建政治制度的基本格局，为历代封建王朝所沿用，在对后世产生了深远的影响。

罗马帝国元首制的确立

变革掠影

【变革时间】公元前 23 年

【关键人物】屋大维

【历史影响】罗马帝国的元首制，不仅对罗马帝国产生了很大作用，而且对后世也有很大影响。至今还有许多国家当权者被称为元首、首脑，成为君主、国王的代名词。

历史纵深

公元前 1 世纪时，摇摇欲坠的罗马共和制终于被帝制代替。公元前 27 年 1 月 13 日，集"终身保民官"、"大元帅"、"元首"、"奥古斯都"等头衔于一身的屋大维（公元前 63 ~ 公元 14 年），在元老院发表了长篇演说，表示要卸去总揽一切的大权，交出军队、行省，作为一个普通公民终老林下。

当然，这一切都不过是一种戏剧性的表演。屋大维深知元老院离不开他，必然对他感恩戴德地加以挽留。当时，尽管共和国各种机构仍然存在，但实际上一切军事、行政、司法、财政、宗教大权都掌握在屋大维一人手中。

由于罗马具有奴隶主共和制的传统，人们厌恶君主制、国王的名称，才没有称为君主国，而称为"元首制"。从这一天开始，罗马帝国采用这种元首制达200多年之久。

罗马自公元前510年推翻塔克文王朝统治以后，成立了共和国。共和国首脑初称军政长官，后称执政官，由百人团会议从贵族中按年选举。执政官共两人，权力均等，协议处理国政；若遇紧急事务则以其中一人为独裁官，称狄克维多，任期半年。

执政官有扈从12人，肩荷笞棒一束，中插战斧，象征国家最高长官的权力。这种笞棒称为"法西斯"，现代意大利的法西斯党即由此得名。

最高权力机构为元老院，由氏族长老和退任执政官组成，有决定内外政策以及审查批准法案之权。这种共和制实际上是贵族专制，一般平民地位低下，于是引起平民与贵族的斗争。

屋大维

经过两个世纪多的较量，结果平民得到了一定的政治权利，债务奴隶制被废除。高级官职对平民中富裕阶层开放，平民可以同贵族通婚。于是出现了新贵族。一般平民取得完整的公民权，成为了共和国的主人。最高立法权属于公民会议，元老院有决定内外大政的权力，实际上是共和国的最高统治机关。

罗马共和政体是在城邦制的基础上建立起来的。平民经过长期斗争，罗马各阶级间关系获得调整，扩大了共和国的社会基础。平民获得完整公民权和废除债务奴隶之后，自由平民的利益得到了一定保障，成为罗马政治中的积极因素。罗马在统一意大利和对外扩张期间，之所以在军事和政治上表现了强大的力量，这是很重要的原因。

罗马共和国建立后，即实行统一意大利的斗争策略。在南部意大利归属罗马后，又转而征服地中海区域、进军巴尔干半岛，成为占据广大地区的奴隶制霸国。

恺撒

随着奴隶制经济的发展，阶级斗争日益严重，爆发了西西里两次奴隶起义和震撼奴隶制的斯巴达克起义。在这种形势下，共和国政体已经不适应罗马、意大利和各行省社会经济发展形势，因此，必然会建立军事独裁政权。当时，这种"建立在军事统治上的帝政有无法改变的必然性"。

在连年的对外战争和镇压奴隶起义的斗争中，掌握军事大权的人一步步迫使元老院、平民会议给其更多的统治权力。公元前60年，罗马出现克拉苏、庞培和恺撒（公元前100～前44年）的"三头同盟"，后来恺撒在克拉苏死后又打败了庞培，成为独裁者，被宣布为"祖国之父"、"终身独裁官"。

但恺撒执行了不利于平民和骑士的政策，这激起了平民和骑士对他很不满意，尤其是引起维护共和制的贵族派元老的不满。公元前44年3月15日，恺撒被布鲁图斯、卡西乌斯刺死于元老院会议上。

恺撒被刺后，恺撒的部将——执政官安东尼同西塞罗所领导的元老院之间展开了激烈的政治斗争。在两派斗争最激烈时，又出了一个恺撒的甥孙屋大维，他借恺撒的老兵和平民的支持进入元老院。之后又借元老院和恺撒老兵的支持，成为安东尼的竞争者。后来形成了安东尼、雷必达（恺撒的骑兵长官）和屋大维"后三头"同盟，强迫公民会议授予他们统治国家五年的全权。

"后三头"同盟一获得全权后，便在罗马大肆搜杀政敌，没收其财产，结果杀了300个元老和2000个骑士。刺杀恺撒的布鲁图斯和卡西乌斯同他们的一部分余党逃到希腊，企图为共和制度做垂死挣扎。公元前42年，他们被安东尼和屋大维军队击溃，布鲁图斯和卡西乌斯相继自杀。

公元前40年夏，"三头"划分势力范围，安东尼统治罗马的东方行省，屋大维统治意大利和高卢，雷必达则统治非洲北部。

屋大维回到意大利后，没收了一些土地，分给士兵，杀了一些贵族代表。这引起了意大利居民的不满。这时控制西西里的塞克斯杜斯·庞培（庞培的儿子），乘机联合不满屋大维的人并吸收海盗和奴隶，向意大利进攻。

塞克斯杜斯·庞培势力的强大和"三头"统治渐趋动摇，迫使屋大维与安东尼同塞克斯杜斯·庞培妥协：承认塞克斯杜斯·庞培在西西里、撒丁尼亚和科西嘉的统治权，塞克斯杜斯·庞培则保证不再接受罗马的自由民和逃亡奴隶。

屋大维一旦统治地位巩固，就反过来向塞克斯杜斯·庞培进攻。他借助雷必达的援助，消灭了塞克斯杜斯·庞培的势力，转过来又剥夺了雷必达的军权。屋大维把俘获的逃亡奴隶交还给他们的主人，把无人认领的逃亡奴隶处死。元老院感激屋大维，决定在广场为他建立黄金雕像，并授予他终身保民官的权力。

当屋大维在罗马巩固了自己的统治地位以后，就向安东尼统治的东方进攻。公元前30年，屋大维侵入埃及，安东尼自杀。从此，罗马历史进入一个新时期，即由共和制转向罗马奴隶制帝国时期。

屋大维接受恺撒被刺的经验，不得不把个人权力披上一件共和国宪法外衣，不称君主，称"第一公民"，即元首。元首制是建立在经过剧烈斗争因而已经变化了的阶级基础之上的。

在罗马，统治阶级的最上层属于元老阶层，经过内战后起了很大变化。现在坐在元老院里的人多数是"后三头"提拔起来的新贵，拥有特权，屋大维对他们采取尊重和利用兼施的政策，笼络他们拥护新的统治制度。

屋大维以法律形式明确规定元老必须出身贵族，服满规定年限的兵役，而且拥有100万塞斯

罗马的铜币——塞斯特尔提乌斯

特尔提乌斯（罗马的铜质货币）的财产资格；只有元老才可以担任军团长、行省总督以及执政官之类的高级职务。

元老阶层虽然没有实权，但他们却拥有极高的政治地位和社会荣誉，他们的经济利益也没有受到任何侵犯。基于自身利益，元老阶层拥护元首政治新秩序。这是屋大维元首政治的重要社会基础。

元首政治也得到骑士阶层的拥护，他们成为元首制的中坚力量。骑士的财产资格规定为40万塞斯特尔提乌斯。骑士可以候补元老，元老的儿子在没有进入元老院资格以前，则列为骑士。骑士可以担任重要的军职和官职，是帝国选拔文武官职的主要来源，其后骑士地位逐步上升。

元老和骑士两大奴隶主阶层合流，构成元首制的社会基础。此外，屋大维还用小恩小惠收买一般罗马公民，有时每人发给400塞斯特尔提乌斯，有时发给300或250塞斯特尔提乌斯。

但是，罗马平民在帝国时期却失去了先前的政治作用，不再是全权公民，而成为被统治的对象。屋大维竭力维护奴隶制度，对释放奴隶作了严格限制。奴隶主遗嘱释放奴隶，要遵守这样的规定：拥有3~10个奴隶，至多可以释放1/2；拥有10~30个奴隶，至多可以释放1/3；拥有30~100个奴隶，至多可以释放1/4；拥有100~500个奴隶，至多可以释放1/5。拥有奴隶超过500，释放也不得超过100。

罗马还有一条古老的惯例，凡奴隶杀死主人，在家的奴隶闻声不救，则一律处死。屋大维通过元老院重申了这一规定。他还规定，因为受到惩罚被打上烙印的奴隶，即使获得释放，也不能得到罗马公民权或拉丁公民权，不得在首都居住。他严禁奴隶和被释奴隶参军。他严令搜捕逃亡奴隶，镇压一切暴乱。可见，屋大维建立的元首制国家完全是为奴隶主阶级服务的。

屋大维元首制政权最主要的支柱是军队。他拥有二三十万军队作为常备军，还有相应的辅助军队。军队中实行严格纪律和训练，士兵服役20年期间不得成家。军队大部分驻守在形势未稳的行省和边区，另有9000近卫军守卫罗马和意大利。屋大维总揽军权，以强大的军队为实行独裁作保证。

总之，屋大维废除了与经济发展不相适应的共和制度，实行元首制的政治制度。他一身兼有军队、行政、司法和宗教大权，有权提出官吏候选人，并可越级表决。他创立一个 20 人委员会制定重要政策，交付元老院形式上通过。他任用亲信，有时用被释放奴隶办理公务，这就迈出了建立帝国官僚制度的第一步。

他的这一套制度在将近 200 年中维持了比较稳定的统治，在广大疆域内形成所谓"罗马和平"时期，使奴隶制经济得到空前繁荣，尤其是在各行省，经济有了显著发展。与此同时，城市手工业和内外贸易也繁荣起来。

变革意义

屋大维首创的元首政治制度是世界历史上的一次伟大的制度变革，它在罗马帝国产生了深远的影响，使罗马帝国获得了 200 年的和平时期，使奴隶制经济得到空前繁荣。

屋大维的元首制对后世也有很大影响，至今还有许多国家当权者被称为元首、首脑，成为君主、国王的代名词。

 ## 《查士丁尼法典》的制定

变革掠影

【**变革时间**】公元 526 ~ 565 年

【**关键人物**】查士丁尼一世

【**历史影响**】《查士丁尼法典》是世界法律史上的一次伟大的变革。它是世界上第一部完备的奴隶制成文法，标志着罗马法本身已发展到极其发达、完备阶段，对以后欧洲各国的法学和法律的发展产生了深远的影响。

历史纵深

在人类文明的发展过程中，对西方世界产生深远影响的民族莫过于古希腊人、罗马人、希伯来人。古希腊人的哲学思想奠定了西方哲学的基础，希伯来人的宗教统治了欧洲近千年，而罗马人最主要的贡献则是法律。这里所说的罗马法是指罗马国家形成至查士丁尼统一罗马时期编撰法典的整个历史时期。

塞尔维乌斯·图利乌斯在公元前5世纪中后期进行的改革是罗马法律形成的标志。但是第一部真正成文的罗马法律——《十二铜表法》则出现在公元前5世纪中期。

在这之前，所有的法律都是由贵族统治者和平民大会共同制定的，并以口头约定的形式达成共识，在一定程度上能够保证民众的利益。但是随着时间的推移，到了共和国时期，元老院的权力越来越大，逐渐凌驾于法律之上，引起了民众的不满，平民反对贵族的斗争风起云涌。在民众的不懈努力下，元老院终于妥协并重新进行了立法。

公元前449年，一部全新的立法——《十二铜表法》终于制定完成了。这部法律是在对之前罗马法律习惯进行总结的基础上形成的，不仅是罗马历史上第一部成文法，还是之后罗马法的源泉。

《十二铜表法》的原文已毁于公元前390年的高卢战火，现存的是后经许多学者编辑的辑录本。但还是可以看出，这一法律的内容相当广泛，包括公法与私法、实体法与程序法、刑法与民法、同态复仇与罚金、氏族继承与遗嘱，等等。

《十二铜表法》的颁布对于贵族是一次沉重的打击，因为法律已经编成了明确的条文，量刑定罪，须以条文为准，这就在一定程度上限制了贵族的专横和滥用权力，从而使国家制度不至于自发地导向腐化与腐败。但是平民的胜利还是初步的。

平民与贵族的矛盾并没有因此而消除，两者之间的斗争也并没有因此而终止。双方斗争的结果，一方面调整了罗马公民内部的阶级关系；另一方面又促进了罗马国家的立法工作。

公元前3世纪之后，罗马经过一系列的对外扩张战争，建立了地跨欧、亚、非三大洲的大帝国。为了巩固统治，法律体系也不断地得到完善和健全，主要的表现是出现了"万民法"。

这些法律是在吸收了其他征服地的法律成果的基础上形成的，以维护奴隶主利益为宗旨的法律，主要功能是调节财产关系。这些法律主要在统治地实施，之后的日耳曼人、罗马人、意大利人都曾效仿并利用这部法律，但是随着时间的推移，这些法律已经不能很好地适应时代的需要了。

公元395年，罗马分裂成东、西两个帝国，即东罗马帝国和西罗马帝国。之后，在国内起义和外敌入侵的双重打击下，西罗马帝国灭亡。东罗马帝国凭借有利的地理环境依旧非常强大，但东罗马帝国本身也是危机四伏。可是东罗马帝国比西罗马帝国幸运得多，因为在危机出现之时，改变东罗马命运的君王查士丁尼即位了。

查士丁尼一世（公元483～565年）原系斯拉夫血统，出身于一个农民家庭。早年去君士坦丁堡，投靠担任高级将领的伯父查士丁，并在那里接受教育。查士丁做皇帝后，因无儿子，便把他收为养子，并授予要职。

查士丁尼一世

公元527年，他与其伯父共同摄政，同年即位正式称帝，即查士丁尼一世。查士丁尼的出身和阅历，使他对罗马国家的内忧外患有比较清楚的认识，因此颇想励精图治、重振昔日罗马帝国的国威。

查士丁尼认为："皇帝的威严光荣不但须以兵器获得，而且须用法律来巩固。这样，无论在战时，还是在平时，总是可以将国家治理得很好；皇帝不但能在战场上取得胜利，而且能采取法律的手段排除违法分子的非法活动。皇帝既是虔诚的法纪伸张者，又是征服敌人的胜利者。"

所以，他上台后所做的最重要的一件事便是收复西罗马失地、恢复罗马帝国并把基督教传播到帝国的每一个角落。在他的努力下国势日盛，但是旧有的法律也逐渐地暴露出了问题。于是他命人组织了立法委员会，制定新的法典即《罗马民法大全》。这是查士丁尼在发动对外战争的同时，做的另一项对人类文明有深远影响的伟大工程。

公元526年，查士丁尼大帝颁布一项敕令，任命特里布尼厄斯组织一个由10名法学家组成的委员会，主席由"圣宫廷"的前司法长官约翰担任。

查士丁尼一世规定，委员会有权利用现存的所有资料，并可加以增删、修订，随后把这些敕令分别标上发布皇帝的名号，以及施行的对象与日期，再按内容分类，按时间先后排列。

具有超人睿智的特里布尼厄斯被指定为这项工作的召集人，并依据查士丁尼发布的"有关敕法汇编编纂的诏令"召开筹备会议，由10名博学、有声望的法学家组成新的编委会，立即着手工作。

《旧敕法汇编》除了运用前项法律资料内容与分类模式外，博采所有法学家的著作，把内容扩大到50卷。为避免主观、偏颇的毛病，无论是对赫赫有名的学者，还是对默默无闻的人物都一视同仁。

在编纂过程中，他们先搜集了前人发布的所有敕令达2000卷之多，经过逐条分析、筛选以后，留下的多达15万条。在逐条逐句的审评中，还对有关的名家名著及其他书中不同的观点作全面的探讨，把各书间的矛盾与谬误——消除。全书仅用了两年多的时间就宣告完成，这不能不使人们对它的编纂速度之快大为惊讶。

《旧敕法汇编》的有关材料，可分成三组：一组是所有的法律注释书；一组是所有已公布敕令的告示文；一组即是法律专家们对这些内容的意见、质疑和解答。这部《旧敕法汇编》是东罗马帝国用拉丁文著述的最后一本法律著作。

公元534年，为了进行改版订正工作，补充查士丁尼大帝颁布的50条修正法，重新选出了包括特里布尼厄斯等人在内的委员会。于同年11月，由皇帝敕令公布《新敕法汇集》。

《新敕法汇集》共分12卷，第一卷为教会关系法和公法，第2至第8卷为私法，第9卷为刑法及诉讼法，最后3卷是行政法和政府机构的组织法。

查士丁尼在下令编撰《新敕法汇集》的同时，又谕令特里布尼厄斯、提奥菲路斯和道罗戴乌斯等法学家另编一部法学教科书，讲述法律要点，以更好地帮助初学者学习法律。此书以公元2世纪著名法学家盖乌斯的《法学阶梯》

和《日常事件法律实践》两书为蓝本，并参照其他法学家的著作汇编而成。公元533年11月，书告完工，是为查士丁尼的《法学阶梯》。它被列为官方的法律教科书，而且本身具有法律效力。

全书共4卷，卷下有章，章下设节，主要是关于人法、物法、继承法、契约法和诉讼法等方面的规定，它的体系和结构对后世立法者有很大的影响。查士丁尼编写这一教科书的目的是让学生们热心接受并不懈努力地学好罗马法律，使其能在尽可能的范围内用罗马法处理事务。

查士丁尼在主持法典编纂时曾经以为，通过此举便可将罗马法固定下来，似乎可以一劳永逸了。但是现实生活的发展迫使他改变以往的想法，需要不断用新的立法来调整和改进与私法有关的旧的法律规范，以满足社会经济条件的需要。

据计算，从公元534年《新敕法汇集》修订本颁布以后直至565年查士丁尼去世，31年间，他共颁布敕令168条。其内容多关系到公法、宗教规范等。此外，对于继承法也有很多新的规定。

《旧敕法汇编》《新敕法汇集》《法学阶梯》等书，至12世纪时，统称为《查士丁尼民法法典》，又称为《民法大全》或《罗马法大全》。

正当查士丁尼的立法事业趋向完成时，与哥特人经过20年之久的交战也取得胜利，把意大利并入了罗马帝国的版图。同时，应维基留斯教宗的要求，该法典在全意大利颁布施行。于是，意大利成为西方唯一采用《查士丁尼法典》的地区。维基留斯教宗虽一再要求在意大利境内普及新法，但新法却不适合当时的意大利社会。

公元11世纪末至12世纪间，意大利各都市，尤其是那些沿海城市，重新同地中海东部的阿拉伯人进行贸易往来，从中发现那儿的人具有相当的文明，并能够处理日常生活中烦琐的法律问题。而在热那亚、君士坦丁堡或黑海沿岸，契约书的制定也很盛行，这与查士丁尼的罗马法不谋而合，因此"罗马法大全"才普遍受到人们的重视，开始走向世界各地。

这期间，罗马教会同蓦然领悟到帝位尊严的皇帝进行着长期的斗争。从查士丁尼大帝制定的法典中，皇帝们找到了他们需要的东西——皇帝对教会的统治地位，从此法典成为帝王们争权的有力保障。

玻璃镶嵌画——查士丁尼和他的随从

横跨 12 世纪与 13 世纪的罗马法，被学者们带到意大利各学校，更由于法学家们的移民，罗马法也被推广到欧洲各国。《查士丁尼法典》的再次崛起，恰好赶上了时代的潮流，颇为符合当时欧洲社会的发展需要。

不可讳言，罗马法作为欧洲历史上第一部较系统的法典，对西方文明的发展确实产生了很大的影响。直到 1804 年 3 月 21 日，随着《拿破仑法典》的公布，《查士丁尼法典》的历史使命才宣告结束。

变革意义

《查士丁尼法典》的制定和颁布是法律史上的一次重大变革，它是世界上第一部完备的奴隶制成文法，它系统地搜集和整理了自罗马共和时期至查士丁尼为止所有的法律和法学著作，卷帙浩繁，内容丰富。它标志着罗马法本身已发展到极其发达、完备的阶段，对以后欧洲各国的法学和法律的发展有着较大的影响。

罗马人在法学上天才性的创造成果在《查士丁尼法典》中得到了保留，《查士丁尼法典》一书后来也成了欧洲许多国家制定法律的蓝本。也许没有哪一部法典对世界有这么持久的影响，查士丁尼也因这部法典的完成而被后人誉为"法律之父"。

《自由大宪章》的订立

变革掠影

【变革时间】1215 年

【关键人物】英国 13 世纪的各封建主、英王约翰

【历史影响】《自由大宪章》在历史上第一次把市民阶层作为一种必须考虑的政治力量对待。更为重要的是，资产阶级革命时期，资产阶级对大宪章的内容赋予新的、符合资产阶级要求的解释，并把它作为建立资产阶级法制的依据。

历史纵深

在整个封建社会里，集权还是分权，始终是政治斗争的重大课题。在中国，秦始皇废分封制行郡县制是进步的，而在英国的一个时期，限制王权则起了历史的进步作用。由此订立的《自由大宪章》，至今还存在着影响。

公元 1154 年，英国亨利一世的外孙亨利二世（1133～1189 年）即位，开始了金雀花王朝的统治时期。亨利二世利用广大领地的收入，依靠骑士和市民的支持，与封建主进行斗争，结束了亨利一世死后无嗣，因王位继承纠纷而引起的长达 19 年之久的封建混战。他即位后，着手整顿封建秩序，拆除了在内乱时期封建主建立起来的 300 多座城堡，更换了大批属于大封建主阶层的郡守，代替他们的是自己的亲信。这样，重新巩固了王权。

为了继续削弱封建势力，亨利二世进行了一系列的司法改革。骑士、市民和自由民有权越过领主法庭，直接向国王法庭申诉。国王法庭以"誓证法"取代落后的"神命裁判法"。国王的巡回法官在地方审理案件时，让当地居民参加陪审，出庭作证。陪审人一般为 12 人，从骑士和富裕自由农民中遴选，在提供证词之前，必须宣誓不作伪证。司法改革使国王法庭的权力扩大，削弱了各地方封建法庭的权力。骑士、市民和富裕农民因为摆脱了领主司法权力的

金花雀王朝的开创者——亨利二世

约束，所以更加支持王权。

亨利二世在军事方面也进行了改革。以前的传统是封建主每年为国王服军役40天，这造成了王室对封建主军事力量的依赖，而且也不适合长期作战。因此，亨利二世免除了部分骑士的军役，规定他们缴纳役金，叫做"盾牌钱"，把这笔钱作为招募常年服役的军队费用。盾牌钱制度的实施，加强了国王的军事力量。

亨利二世的一系列改革加强了王权，但封建诸侯的势力依然强大。英格兰北部和西部的封建主，还保持着相对的独立。法兰西各领地的封臣也时常反抗。法王腓力二世多方破坏亨利二世的权力，怂恿亨利二世的儿子背叛。到了亨利二世晚年，封建势力又重新抬头，亨利二世在与反叛诸侯的斗争中忧愤而死，王权再次发生动摇。

亨利二世之子理查一世（1159~1199年）即位后，长期在外作战，很少过问朝政，不断筹措对外战争和冒险行动的经费。他在第三次十字军远征的归途中，被奥地利公爵俘获后转交德皇，为此英国征集了10万英镑，才将自己的国王赎回。理查一世统治时期，国家财政拮据，税收不断加重，引起了社会的普遍不满。

1199年，理查一世去世，他的幼子约翰继英国王位。约翰（1199~1216年在位）统治时期，社会上的不满情绪更加强烈，阶级关系日趋紧张。约翰的对内政策，严重地损害了社会各阶层的利益。

在英国，所有的封建主在原则上都是国王的附庸，需要对国王宣誓效忠，但国王和封建主都必须恪守各自的权利和义务。当时的封建主要求王权继续巩固封建的权利义务关系，保持既成的秩序。然而约翰却任意践踏一切习惯和成例，破坏一切现存权利义务的准则。

约翰以英国封建秩序所不允许的方式，任意没收封建主的土地，增加额外的税捐，干涉封建法庭的权利，这就严重地损害了各社会阶层的既得利益。他为了筹集对法作战的资金，巧取豪夺，横征暴敛，激起了各阶层群众的愤怒。就连一向支持国王的骑士和市民，也站到了反对国王的封建主一边。曾经支持过王权的教会，也因国王对教会选举的干涉和赋税增加而转向支持封建主。

这时，约翰在与大封建主的斗争中陷入完全孤立的境地。约翰的对外政策接连失败，更激化了国内矛盾。英法两国因领土问题长期结怨，法王腓力二世为统一法国，借口约翰不履行作为法国封臣的义务，于1202年宣布剥夺他在法国的全部领地。

公元1205年，约翰又因坎特伯雷大主教的人选问题与教皇英诺森三世发生了激烈的冲突。教皇下令禁止英国的宗教活动，并于1212年宣布废黜约翰的王位，把王位转授给法王腓力二世。

约翰试图采取种种手段报复教皇，如没收教会财产等，都因得不到支持而告失败。由于国内政策不得人心，臣民的怨恨不断增加，封建主伺机反叛，约翰陷于孤立境地，最后不得不向教皇让步。

约翰虽然向罗马教廷作了让步，但他妄图恢复亨利二世时期版图的雄心并没有丧失。他又筹划与

《自由大宪章》原本

德皇奥托、弗兰德尔伯爵结成同盟，共同出兵与法国交战。1214年7月法国彻底击败了英国军队及其盟军，约翰收复失地重振帝国的企图化为泡影。

约翰从法国战场战败而归，国内的不满情绪空前高涨，反对王权过于强大的贵族封建主乘机而动，联合对国王不满的教士、骑士和城市市民，开始了反

国王的斗争。封建主们与坎特伯雷大主教朗顿一起议定，要求约翰遵守前代国王，特别是亨利一世的法律，尊重臣民的自由，如果国王不肯接受，就将诉诸武力。1215 年初，封建主们全副武装去见约翰，提出要求，遭到约翰拒绝。

约翰此举引起了全国的愤慨，封建主们组成"上帝和神圣教会军"进军伦敦，伦敦市民为其敞开大门，同时得到了其他各地的支持。约翰向雇佣军发出征召，又向教皇呼吁求援，但都无济于事。他所面对的是手执武器的整个民族，而立于他背后的，在一段时间里只有 7 名骑士。在众叛亲离的情况下，约翰被迫答应同封建主们谈判。谈判于 1215 年 6 月 15 日在泰晤士河畔的兰尼米德草地举行。约翰在封建主们武装反叛的胁迫下，接受封建主们的要求，在他拟定的《自由大宪章》上署印。

大宪章全文共 63 条，其主要内容是限制国王的权力，保证教俗贵族的经济、司法和政治特权不受侵犯。

大宪章的第 1 条规定，英国教会当享有自由，其权利将不受干扰，其自由将不受侵犯，特别是自由选举教职的权利。

大宪章的第 2 条规定，国王直接封臣的后嗣享有封土继承权，国王只可按照旧日规定数额向他们征收继承税。伯爵、男爵继承人缴纳 100 镑后，骑士继承人最多缴纳 100 先令后，就可以享受全部伯爵、男爵或骑士的封地。其他均应按照采地旧有习惯，应少交者须少交。

大宪章的第 3～5 条，是对未成年继承人监护的规定。第 2 条中的继承人如未达成年，由国王委托监护人妥善管理封土遗产，不允许大肆征用人力、物力，待继承人成年后，将全部遗产交付继承人，不得收取任何继承税或产业转移税。这项内容，保证了封建的封土继承权。

大宪章的第 12 条和第 14 条，规定了国王征收税金只有三项，即国王被俘的赎金、国王长子受封为骑士时和长女出嫁时的费用，但以一次为限，且为此三项目征收的税金务求适当。关于伦敦城的税金，按同样规定办理。除此之外，不经全国会议同意，国王不得另行征收任何税金与免役税。如欲征收上述范围外的税金，国王应把加盖印信的诏书，送给各大主教、主教、住持、伯爵与显贵男爵，指明召开会议的时间、地点，以期获得全国公意。通知诏书至少要在开会前 40 天送到，并说明召集的缘由。这些规定限制了国王的任意征敛，以保障封建主阶级的经济利益。

大宪章的第 21 条和第 22 条是司法方面的规定，指出：伯爵与男爵非经同级贵族陪审，并按照罪行程度处理外，不得课以罚金。教士犯罪时，也照此办理。第 52 条进一步规定，任何人凡未经同级贵族合法裁决而被国王夺去土地、城堡、特许权或合法权利的，国王应立即归还。亨利二世和理查一世所非法没收的财产，现仍在国王手中的也应照此办理。实际上，这就完全推翻了以往国王法庭对贵族案件的审判处理。

大宪章的第 34 条对司法审判权作出了规定：自此以后，不得再行颁布强制转移土地争执案件至国王法庭审讯的敕令，以免自由人（拥有司法权的封建贵族）丧失司法权。这项规定使曾被削弱了的封建领主的司法权力得到恢复。

大宪章第 15 条规定：除了三项固定的税金以外，国王不得准许任何人向自由人征收贡金。第 39 条规定：除根据同等级者的合法裁决和国家的法律，不得对自由人加以逮捕、监禁、剥夺财产、剥夺法律保护、流放或使其受任何其他损害。第 16 条规定：不得强迫拥有领地的骑士服额外军役。第 13 条规定确认伦敦和其他城市已享有的自由。第 35 条规定在全国统一度量衡等。上述条文涉及了保障自由人的利益，使教俗贵族以外的享有自由人身份的阶层如骑士、市民、自由农民等从中得到了一定的好处。但大宪章没有给广大农奴任何好处。

为了保证大宪章的执行，第 61 条规定，由大封建主 25 人组成委员会，负责监督大宪章的执行，一旦发现国王有破坏宪章条款的行为，便要求国王立即改正。如在 40 天之内没有改正的表示，25 人委员会便可采取一切手段向国王施加压力，包括夺取国王的城堡、没收土地和财产等，直到破坏宪章的行为被纠正为止。除此之外，大宪章还有许多条文涉及了对王权的限制。就这样，亨利二世加强王权的一系列改革成果几乎全部被废除，只是在宪章的个别条文中还保留了它的痕迹。

大宪章签署后不久，约翰一方面谋求罗马教廷的政治支持，另一方面又纠集力量与贵族军队开战，君臣之间的内战一直打到他死后才停止。

变革意义

大宪章虽然是封建的法律文献，但它的整个精神是限制王权，置王权于封建法律的约束下。英国资产阶级革命兴起之后，封建专制王权已走向它的反面，成为历史的绊脚石。新兴的资产阶级和新贵族把《自由大宪章》作为限制王权的法律依据重新提了出来，并赋予新的解释，从而使大宪章的原则在新的历史条件下，得到了有利于资产阶级的引申、贯彻和发展，使这个原来被封建贵族用来限制王权的封建性文件，成为资产阶级限制和反对王权的有力武器，成为英国资产阶级革命胜利后确立君主立宪政体的宪法性文件之一。

正是从这个意义上，大宪章才被称之为"自由大宪章"、"英国自由的奠基石"，直到今天仍作为英国宪法的重要组成部分而受到资产阶级政府的重视。

《自由大宪章》涵盖了一些重要的理念。它是对"自由"的维护，这成为英国"权利请愿书"（628 年）和"人身保护法"（1679 年）的根据。它也提出了法律独立的概念。这一精神后来在美国也产生影响。在美国宪法和各州宪法中都可以看到《自由大宪章》强调人类天赋权利的精神。

 ## 《拿破仑法典》的制定

变革掠影

【变革时间】1800 ~ 1804 年

【关键人物】拿破仑

【历史影响】《拿破仑法典》继承了罗马法的传统，充实了资本主义条件下新的立法因素，形成了新的民法体系，从法律上维护和巩固了资本主义所有制和资产阶级的社会经济秩序，对法国的资本主义发展起了积极作用。

历史纵深

滑铁卢一战结束了拿破仑作为一名征服者的命运。然而，有一样东西至今仍在法国乃至欧美许多国家规范着人们的行动，这就是以拿破仑命名的一部民法典——《拿破仑法典》。

拿破仑（1769～1821年）出生在一个破落的贵族家庭。法国大革命时参加革命军，获得少将军衔。督政府时期，他于1796年4月率兵进攻意大利，1797年打败奥地利，1798年侵入埃及。1799年11月9日在大资产阶级的支持下，依靠上层军官，发动政变，推翻了督政府。按照法国革命历法，政变这一天是共和国8年雾月18日，所以史称"雾月政变"。政变后，由三个执政官组成执政府，拿破仑担任第一执政官，掌握军政大权，实行军事独裁统治。

1804年5月，拿破仑修改了宪法，宣布法国为帝国，即"法兰西第一帝国"，建立了中央集权的军事官僚国家，加冕称帝。他在执政期间，曾颁布了五个基本法典，其中在1804年通过的、以他的名字命名的《拿破仑法典》（亦称《法国民法典》），不但在法国法学史上，而且在世界法学史上也有着重大的影响。

法国旧制度时期的民法，主要源于习惯法与罗马法，并与封建惯例、各郡特权、教会权利及国王法令混为一体，制约着社会生活的各个方面。

拿破仑

法国大革命冲击了封建民法，从根本上动摇了旧民法的基础，一个又一个的革命立法取代了传统的法律规范。

《1791年宪法》曾规定，要制定一部统一的新民法。国民公会时期，先后拟定了三个草案，但终因意见分歧未获通过。马伦哥战役后，随着欧洲和平的实现，历经革命和战乱的法国人民迫切需要一部能确保生活安定的民法。

新兴的资产阶级为了确立和巩固资本主义生产方式，发展资本主义所有制，调整有产者的财产关系和人身非财产关系，也需要一部统一的民法典。为了适应形势的需要，也为了维护自己的统治，拿破仑决定制定一部民法典。

1800 年 8 月，拿破仑授意司法部召集法学家组成民法典起草委员会。次年 1 月，委员会拟出草案送交各个法院征求法官意见，并由参政院的专门委员会进行修改，再经全体会议逐条讨论。拿破仑尽管国务活动繁忙，仍抽出相当多的时间参加讨论草案。参政院为此事共召开过 107 次会议，其中 55 次是在拿破仑主持下进行的。

法国大革命胜利后历届政府的主要领导人没有一个像拿破仑那样重视并坚定不移地领导过法典的编纂、讨论和最后完成的工作。因为拿破仑确信："一个政府最有力的工具，就是司法。不掌握司法权，政府就无法果断行事。"

从 1803 年 2 月起，民法各章在立法团陆续通过。最后于 1804 年 3 月 21 日，经拿破仑签署正式公布，法典最初叫《法国民法典》，1807 年 9 月 9 日被明令定名为《拿破仑法典》，可见这部法典是拿破仑用心最多、最引以为自豪的一部法典。

法典在编纂上借鉴了公元 6 世纪查士丁尼时期《法学阶梯》的体系。它包括总则、三编（分别是人法、物法以及取得财产的各种方法），共 35 章，总计 2281 条。其核心思想是资本主义所有制不受侵犯。法典的主要内容可以概括为三个方面。

第一，法典确定了资产阶级所有权的原则。法典几乎有 1/3 的条文，从不同的角度阐述了资产阶级私有财产的不可侵犯性，维护了资产阶级在大革命中取得的最根本的成果。例如第 537 条规定："私人得自由处理属于其所有的财产。"第 544 条进一步规定："所有权是对于物有绝对无限制地使用、收益及处理的权利。"这就保证了绝对的个人私有权，激发了个人的积极性，为资本主义的自由发展提供了法律保证。

法典还进一步巩固了小农土地所有制，保障它不受封建复辟势力的侵犯。例如，第 552 条明确赋予所有人对土地充分使用的权利，"土地所有权并包含该地上空和地下的所有权。所有人有权在地上从事其认为适当的种植或建筑"，"在地下从事其认为适当的建筑或发掘，并采取掘获的产物"。这样，不仅维护了大革命中资产阶级在生产资料方面所取得的胜利成果，而且保障了农民在大革命中取得的土地合法权利。所以，《拿破仑法典》既得到了资产阶级的一致拥护，又受到广大小农的欢迎。

第二，法典用法律条款保证了买卖自由、契约自由（或契约自治）的原则。法典第三编第6章（买卖）、第7章（互易）和第8章（租赁）对自由买卖、等价交换作了具体的规定。比如，第1594条规定："一切法律并未禁止其为买卖行为之人，均可买受或出卖。"第1598条规定："交易范围内的物品，除特别法禁止出让者外，均可出售。"并将劳动力也划为商品。第1710条规定："劳动力的租赁者，谓当事人约定，一方为他方完成一定的工作，他方约定支付报酬的契约。"

法典还用大量的条文贯彻契约自由或契约自治的原则。如，第1134条规定："依法成立的契约，在缔结契约的当事人间有相当于法律的效力。"这就是说，当事人之间的契约，除非该契约违反法律的规定，对于当事人就等于法律。法典赋予两个或两个以上的个人所表示的一致意见等于法律的效力，来使他们以自己的行为产生相互间的权利和义务。

法典第三编规定依法订立的契约要出于个人的意见；订立的内容、方式以及订立双方的选择，纯属当事人的自由，其他个人和国家官吏无权干涉。确立了这个契约自由或自治原则，资本主义社会就可以自由地运行起来。资本主义生产关系也就得以巩固和发展。

第三，法典用具体的法律条款把资产阶级自由、平等原则固定了下来。法典第1条、第3条明确宣布：凡颁布的任何法律在法国全境、共和国各部分均发生强制力，对居住生活在法国境内的一切人都有强制力。第7条规定，民事权利与是否取得公民资格无关。第8条规定："所有法国人都享有民事权利。"这种权利不受年龄、性别、民族、出身、信仰等任何限制。只有丧失法国人资格或因法院的判决才能失去或被剥夺民事权利。这样，就从法律上否定了封建特权，强调了在法律面前人人平等的思想，进一步肯定了大革命中提出的资产阶级人权平等原则，为发展资本主义经济开辟了广阔的道路。

《拿破仑法典》是近代资产阶级革命以后，资本主义国家制定的第一部民法典，恩格斯称之为"典型的资产阶级社会的法典"。它继承了罗马法的传统，充实了资本主义条件下新的立法因素，形成了新的民法体系，从法律上维护和巩固了资本主义所有制和资产阶级的社会经济秩序，对法国的资本主义发展起了积极作用。

法国著名历史学家米涅说："波拿巴统治时期的政治虽然是专制的，但法国却有了超越于欧洲所有社会的民事立法，而那时欧洲的社会还处于极权统治下，大部分还保持着中世纪的法律体制。"

历史学家梯也尔也曾称颂拿破仑对制定法国民法典的重大贡献，并把他的工作誉为"卓越而不朽的事业"。

《拿破仑法典》在促进欧洲资本主义的发展上也起过重大的舆论和示范作用，对于世界上各个资本主义国家的民法典有着巨大影响。

当法国军队进入莱茵河左岸和意大利北部，破坏了那里的封建制度之后，拿破仑便在那里推行自己的法典。比利时和卢森堡现在仍然把它作为自己的法典。德国科隆地区在这部法典的影响和推动下，发展了规模很大的工业，是当时德国最先进的部分。意大利北部的情况也是如此。

在这以后，欧洲和世界的资本主义国家在制定自己的法典时，往往以《拿破仑法典》为范本。这部法典在很长时间内，成为"世界各地编纂新法典时当做基础来使用的法典"。意大利和荷兰直接采用了此法典。

《德国民法典》《瑞士民法典》《西班牙民法典》《智利民法典》《阿根廷民法典》《巴西民法典》都在很大程度上接受了《拿破仑法典》的影响。法国的某些前殖民地，例如加拿大的魁北克省和美国的路易斯安那州的民法典都以此法典为蓝本。

变革意义

《拿破仑法典》的制定是法律史上的一次重大变革，它继承了罗马法的传统，充实了资本主义条件下新的立法因素，形成了新的民法体系，即资产阶级民法体系。它从法律上维护和巩固了资本主义所有制和资产阶级的社会经济秩序，对法国，乃至世界的资本主义发展都起了积极作用。

自法典公布以来，迄今已有二百多年的历史了，它虽经过多次修改、补充，但它的基本原则没有变，大部分内容在法国仍然有效。不仅如此，这部民法典在整个资本主义国家民法典中产生最早，影响也最大。它的影响不仅遍及欧洲大陆，还影响到拉丁美洲、亚洲和非洲。有不少国家以《拿破仑法典》为蓝本，全文照搬或者略加修改后就使用。

《拿破仑法典》在当时以致后来影响那么大，致使人们总不能摆脱对拿破仑的追念，其原因正像马克思说过的："因为智者的专制要比愚者的专制好受些。"他的专制制度，同普鲁士的那种宗法式的拘泥迂腐的专制制度有天壤之别。就是说，拿破仑的专制统治是智者的专制，是法律的专制，而愚者的专制，就是普鲁士式的封建专制。

在这方面，恩格斯也曾说过："当拿破仑推翻了执政内阁的资产阶级统治，恢复了秩序，巩固了农民土地占有的新条件并在自己的民法典中加以肯定，把外国军队越来越远地驱逐出法国国境的时候，农民就欣喜若狂地归附于他，成了他的主要支柱。"

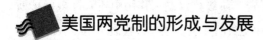

美国两党制的形成与发展

变革掠影

【变革时间】1775～1860 年

【关键人物】汉密尔顿、杰斐逊、林肯等

【历史影响】两党制形成的过程中促进了美国资本主义的发展。更为重要的是，美国两党制的形成对世界民主进程也产生了深远的影响。在资本主义民主中，两党制成为一种比较典型的模式。

历史纵深

两党制，是指在一个国家中，由两个势均力敌的政党通过竞选取得议会多数席位，或者赢得总统选举的胜利而轮流执掌政权的政党制度。但是，这并不是说实行两党制的国家内只存在两个政党。

两党制的形成是人类历史上一次伟大的制度创新。它最初产生于 17 世纪的英国，当时在议会中有两个政党：一个是代表新兴资产阶级和新贵族利益的辉格党（后改称自由党）；一个是代表地主阶级和封建贵族利益的托利党（后改称保守党）。两党交替执掌政权，后来逐渐形成一种制度，被美国等其他资

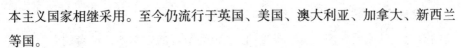

本主义国家相继采用。至今仍流行于英国、美国、澳大利亚、加拿大、新西兰等国。

美国两党制在世界上具有代表性，它的产生是资产阶级内部不同利益集团长期矛盾斗争、妥协的产物。从政党的出现到两党制的最终确立，前后经历了半个多世纪。

美国政党萌芽于公元1775年之前的殖民地时期。那时，在北美大西洋沿岸有13块英国的殖民地。大量英国移民纷纷来到此地安家立业，其中大部分人是憎恨王权，向往自由的贫苦农民、手工业者和白人契约工。后来，一部分人逐渐发展成为新兴资产阶级。

1619年，弗吉尼亚居民选举代表率先创建议会，制定了自己的法律。18世纪30年代，各殖民地普遍建立了资产阶级代议制。移民中还有许多拥护斯图亚特王朝的王党分子、世袭贵族和受封的业主。这些人代表王室，实际控制着议会权力，后来成为北美的新贵族和大种植园主。

围绕着争夺本地议会的控制权，以及殖民地和宗主国之间的矛盾，这些不同利益集团组成了各自的政治小党派，相互角逐。这就是美国政党的最初表现形式。

美国独立战争爆发后，旧有的政治小党派开始分化，依照宗英或抗英的态度重新组合成所谓辉格党和托利党。辉格党（亦称爱国党、独立党）由新兴资产阶级联合农民、工人、城市贫民以及渴望向西部投资的种植园主组成。该党力主发展民族经济，是抗英的中坚力量，为日后民主党成立的群众基础。托利党主要由世袭贵族、受封业主、高级官员、特权商人及一部分种植园主组成，他们站在殖民者一边，帮助英国，反对独立革命。

殖民地时期的地方性小党派和独立战争时期的辉格党、托利党虽还不是有纲领、有章程、有组织和明确领袖的政党，但其直接影响着日后有组织的全国性大党的形成。

美国有组织的全国性政党是在1789～1791年批准和解释宪法过程中产生的。独立战争胜利后，美国建立了由资产阶级和种植园主的联合专政。1781年，临时政府大陆会议制定的《联邦条例》生效，组成联邦国会。在它行使权力的7年间，各州仍然自行其是，同时，广大农民、手工业者和工人为反抗剥削、压迫纷纷举行起义。

美国统治阶级为巩固自己的统治，强化国家机器，于1787年修改《联邦条例》，制定了新宪法。围绕批准宪法及如何解释和适用宪法问题，统治阶级内部发生分歧，出现了派别之争。以汉密尔顿为首，包括詹姆斯·麦迪逊、约翰·杰伊自称联邦派，赞成宪法，捍卫联邦，于是"联邦党"出现了，并在东北部几个州就推动宪法批准起了重要作用。

1789年，新宪法正式生效，成立联邦政府，华盛顿就任第一任美国总统。他名为反对政党，实际支持联邦党。汉密尔顿任财政部长，握有实权，遂使联邦党控制了政府。为适应1792年的州长竞选，联邦党又建立了一些县级的党的委员会，遂发展成全国性的有组织的政党。

联邦党主要代表东北部工商业资产阶级、大地主和南部部分农场主的利益，政治上主张扩大联邦政府权力，从宽解释宪法。经济上主张建立国家银行，统一铸造硬币取代各州发行纸币的权力，保护关税等。对外则奉行亲英政策。

在华盛顿政府中担任国务卿的杰斐逊（《独立宣言》的起草者）是资产阶级民主主义者。他看到联邦势力日益崛起，同麦迪逊等人一起于1792年建立了共和党，后又改称民主共和党。民主共和党代表北部各州中小资产阶级、某些种植园主和广大农民利益。政治上要建立以农业为基础的资产阶级民主共和国。

杰斐逊

他们主张从严解释宪法，限制联邦政府权力，给各州以较多自主权。因他们担心政府的经济政策会损害农业资产阶级的利益。同时，共和党反对亲英的对外政策。

民主共和党产生以后，两大政党

时而斗争，时而妥协。1796 年，华盛顿谢绝连任第三届总统，两大政党首次以党派身份竞争总统职位，两党政治初步形成。竞选结果，联邦党人亚当斯当选总统，联邦党继续控制政府，并于 1798 年夏天违背宪法颁布四项法令，打击民主共和党。

民主共和党进行了争取民主权利的斗争，在各地群众的支持下，迅速发展壮大起来。1800 年总统选举结果，民主共和党领袖杰斐逊当选为总统。民主共和党成为执政党后，为巩固自身的统治地位，内部阶级成分发生变化，新兴工业资本家涌入党内，国家政策也发生重大转变。转而赞成中央政府的强大，并迎合工商业者的利益，提倡保护关税等。

此后，民主共和党一直保持了较强的政治影响，连续 24 年占据了总统职位。国家政权转入民主共和党手中后，联邦党在国会中失去优势，从此日渐衰落。

1812～1814 年美国第二次反英战争胜利后，由于联邦党亲英的对外政策，更丧失人心。1816 年总统竞选，最后被民主共和党所击败。从此，联邦党作为一个全国性政党便不复存在。

反对党的消失，使美国历史上一度出现了民主共和党一党统治的政治局面。围绕争夺总统职位的矛盾斗争，民主共和党内部开始四分五裂。1824 年大选，该党形成五派。竞选中，以众议院议长克莱和约翰·昆西·亚当斯为首的两派联合，使亚当斯当选总统，他们按事先的交易，任命克莱为国务卿。

克莱—亚当斯集团单独形成政党，初称为青年共和党，后又改为国民共和党。他们代表北部和中部工厂主的利益，提出创建第二个国家银行，以政府投资施行各种内部改良，保护关税等主张。

另外三派都反对国民共和党的主张，也联合起来，以杰克逊为领袖组成政党，沿用了民主共和党的名称。该党在 1828 年进行改组称民主党。这便是今日美国民主党的前身。民主党主要代表西部和南部种植园主和小农的利益，不赞成建立国家银行，反对保护关税，主张在西、南部进行领土扩张。两大政党具有泾渭分明的政治纲领和目标，而且有意识地利用政党系统组织竞选，在竞选过程中都进一步建立健全了政党组织机构，两大政党势力分布在不同的地区，形成了相互对峙的政治格局，标志着两党制的正式形成。

1828 年，民主党人杰克逊在大选中获胜当上总统，并竞选连任。但杰克逊在执政时期，任用本党亲信，扩大总统权力，并直接参与立法，使政策向种植园主和西部农民倾斜。民主党总统的这些专断行为引起国民共和党的不满。他们联合其他一些反杰克逊势力，将国民共和党改组为辉格党。反对杰克逊政府逐步降低关税的法案，主张保护关税，限制向西部移民。反映了北部工业资产阶级和一些种植园主的要求。

实际上，不论是辉格党还是民主党，其内部都有工业资产阶级和种植园主阶级的代表。辉格党从产生到 1854 年，和民主党对峙 20 年。其间，两党各有 4 位总统交替上台，但民主党执政时间较长，占据优势。辉格党因无远大明确的政治纲领，在对待奴隶制问题上内部分歧又较严重，1848 年，部分主张禁止奴隶制的党员联合其他力量另组自由土地党。1852 年，辉格党在总统竞选失败后，趋于瓦解。

从 19 世纪 40 年代开始，维护还是废除奴隶制度成为两党斗争的焦点。1846～1848 年，民主党政府发动侵略墨西哥的战争，从墨西哥夺得大片土地。因种植园经济是建立在残酷和野蛮剥削奴隶劳动力的基础上的，所以，南方种植园主主张在新领土上扩大蓄奴制。而资本主义经济的发展则需要大批雇佣劳动力，所以北部工业资产阶级主张禁止奴隶制度。

民主党和辉格党中本来就存在着南北两大派别，随着两大阶级矛盾日益激化，终于使两党内部都公开分化。1854 年 2 月，代表北部资本家的辉格党人、自由土地党人和反对奴隶制者联合组成了共和党，即今日美国共和党的雏形。辉格党中拥护奴隶制者开始向分裂后的民主党靠拢，此时的民主党已蜕化变质，完全成为南部奴隶制种植园主阶级的代表。共和党因主张自由宅地政策，保护关税，限制奴隶制度，得到了北部城市工人和广大小农的拥护。

1860 年，共和党在总统竞选中获胜，林肯当选总统。标志着美国两党制的确立。南部民主党人因林肯当选而大为恐慌。南部 11 个州相继宣布脱离联邦，并决定进行武装叛乱，这种利益矛盾终使美国爆发了为期 4 年的南北战争。林肯政府领导了这场维护联邦统一的国内战争，并在人民群众和进步势力的推动下，签署了宅地法，颁布了解放奴隶的宣言。战争以工业资产阶级的胜利而告终。

林肯

随着战争的胜利，奴隶制被废除。共和党因其代表社会先进势力以及在战争中的表现，得到人民群众的拥护和支持，出现了连续执政 24 年的政治局面。内战以后，随着南部种植园经济逐渐转变成资本主义农业经济，以及美国工业革命在全国范围内基本完成，民主党的性质也随时代潮流发生了改变。

1884 年竞选，民主党人克利夫兰当选总统，继承了共和党人的基本政策，民主党和共和党在实质上已无多大区别。随着自由资本主义发展到垄断阶段，他们对外都同样搞侵略扩张，成为垄断资产阶级统治的两只手。两党所代表的阶级利益基本上也是一致的，只是在垄断财团之间的分赃和争夺肥缺等问题上时有冲突而已。因此，共和党和民主党得以长期共存，轮流执政，直至今日。

变革意义

美国两党制的形成在历史上起了一定的进步作用。美国两党制的形成对世界民主进程也产生了深远的影响。在资本主义民主中，两党制成为一种比较典型的模式。

政治变革

　　政治是人类历史发展到一定时期产生的一种重要的社会现象，它是指上层建筑领域中各种权力主体维护自身利益的特定行为以及由此结成的特定关系。

　　政治对人类社会生活各个方面都有重大影响和作用。先进的、符合历史潮流的政治关系可以推动文明的发展，而反动的政治关系则阻碍文明的进步。因此，政治变革在历史上时有发生。

　　政治变革表现形式多样，既有统治阶级自上而下进行的政治改革、人民群众自下而上进行的暴力革命，也有一个民族或一个国家反对侵略者而进行的独立运动。

　　总的来说，进步的政治变革可以除去政治关系中陈旧的方面，发展壮大新的方面，遏制和克服消极因素，保留和注入积极因素，促使政治关系的发展和完善，并进一步促进生产力的发展和社会文明的进步。

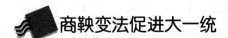

商鞅变法促进大一统

变革掠影

【变革时间】公元前356年第一次变法，公元前350年第二次变法

【关键人物】秦孝公、商鞅

【历史影响】经过商鞅的两次变法，秦国的经济得到发展，军队战斗力不断加强，发展成为战国后期最富强的封建国家。

秦国的富强不但改变了战国后期各诸侯国家之间的实力对比，打破了原来魏国、齐国称霸诸侯的政治格局，也为后来秦王嬴政统一中国奠定了坚实的物质和制度基础。

历史纵深

商鞅（约公元前 390 ~ 前 338 年），战国时期卫国人，复姓公孙，名鞅。后来，他在秦国变法有功，被秦孝公封为商君。所以，历史上也称他为卫鞅、商鞅。

商鞅在少年时代便树立了建功立业的雄心壮志，努力学习那些叱咤风云的政治家、军事家的学说。后来，他游学他乡求取功名，在秦国两次变法，数次率师东伐，为秦国收复了大片失地，使相对弱小的秦国一跃成为北方强国，为后来嬴政统一中国奠定了基础。

商鞅所处的战国时期是奴隶制迅速崩溃、封建制逐步确立的过渡时期。在这一时期，铁制农具的使用和牛耕的逐步推广，导致奴隶主的土地国有制逐步被封建土地私有制所代替。随着新兴军功地主阶级的经济实力的增长，他们要求获得相应的政治权力。新兴的地主阶级纷纷要求在政治上进行改革，发展封建经济，建立地主阶级统治。

在这种背景之下，各诸侯国纷纷掀起了变法运动，如魏国的李悝变法、楚国的吴起变法等。魏、楚两国经过变法，迅速崛起，成为了当时诸侯中的两大霸主。

秦国在战国初期，社会经济的发展落后于齐、楚、燕、赵、魏、韩这六个大国。其井田制瓦解、土地私有制产生和赋税改革，都比各国晚了很久。如鲁国的"初税亩"实施是在公元前 594 年，秦国的"初租禾"则是在公元前 408年，落后 186 年。

可是这时，秦国已使用铁制农具和牛耕，社会经济发展较快，这不仅加速了井田制的瓦解和土地私有制的产生过程，而且还引起了社会秩序的变动。

商鞅变法正是在这种背景下发生。这种社会变革、变法运动体现了生产关系必须适应生产力发展、经济基础决定上层建筑的规律。商鞅变法是分两次进行的。第一次开始于公元前 356 年，第二次开始于公元前 350 年。

公元前356年，秦孝公任命商鞅为左庶长，正式实施变法。第一次变法过程中，商鞅把李悝编著的《法经》，也就是李悝曾经在魏国颁布过的、实施之后确实有效的法律，搬到了秦国来推行。

这部法律的主要内容是如何惩办"盗"、"贼"和怎样加以"囚"、"捕"的条文。几年之后，秦国面貌一新，经济实力、军事实力迅速增长。公元前354～前351年之间，秦军与魏军在河西地带发生了三次大战。秦军三战三捷，扭转了在诸侯之中挨打割地的被动局面。商鞅也在指挥战斗中显露了超群的军事才能。于是，秦孝公任命商鞅为大良造，掌管国家的军政大权。

商　鞅

公元前350年，商鞅开始了第二次变法。如果说商鞅的第一次变法只是李悝《法经》的再次运用，用以削弱奴隶主贵族势力的话，那么这次变法则是对奴隶制的致命一击。

总体来说，商鞅的两次改革都对秦国的发展壮大作出了积极的贡献，不过第二次改革更彻底，改革的内容也更加广泛一些。

经济上，商鞅以废除井田制、实行土地私有制为重点。商鞅在经济上推行的重大举措是"废井田、开阡陌"。《史记》记载：商鞅"为田，开阡陌封疆，而赋税平"。《战国策》说商鞅"决裂阡陌，教民耕战"，废止"田里不鬻"的原则。所谓"阡陌"，指"井田"中间灌溉的水渠以及与之相应的纵横道路，纵者称"阡"，横者称"陌"。

"封疆"就是各个奴隶主贵族受封井田之间的界线。"开阡陌封疆"就是把标志土地国有的阡陌封疆去掉，废除奴隶制土地国有制，实行土地私有制。这是战国时期各国中唯一用国家的政治和法令手段在全国范围内改变土地所有制的事例。

法令还规定，不但普通人可以开荒，其他诸侯国无地的农民也可以到秦国开荒。土地可以自由买卖，赋税则按照各人所占土地的多少来平均负担。

此后，秦国虽仍拥有一些国有土地，如无主荒田、山林川泽及新占他国土地等，但后来又陆续转向私有。依法律形式承认土地私有，允许土地买卖。这样就破坏了奴隶制的生产关系，促进了封建经济的发展。

与土地私有相配套的是，商鞅推行重农抑商的政策。生产粮食和布帛多的，可免除本人劳役和赋税。以农业为"本业"，以商业为"末业"，因弃本求末，或游手好闲而贫穷者，全家罚为官奴。

为鼓励小农经济，还规定凡一户有两个儿子，到成人年龄必须分家，独立谋生，否则要出双倍赋税。这些政策有利于增殖人口、征发徭役和户口税，发展封建经济。

为了保证国家的赋税收入，商鞅制造了标准的度量衡器，即如今传世之"商鞅量"，上有铭文记有秦孝公监造。从"商鞅量"中得知，商鞅规定的1标准尺约合今0.23米，1标准升约合今0.2升。由量器及其铭文可知，当时比较重视统一度量衡一事。商鞅还统一了斗、桶、权、衡、丈、尺等度量衡。要求秦国人必须严格执行，不得违犯。

商鞅变法之前，秦国各地的度量衡较为混乱。统一度量准则，为人们从事经济、文化的交流活动提供了便利的条件，对赋税制和俸禄制的统一产生了积极作用。更为重要的是，统一度量衡有利于配合土地私有在经济上消除地方割据势力的影响。后来秦始皇统一全国的度量衡就是在商鞅变法的基础之上进行的。

商鞅对政治的改革是以彻底废除旧的世卿世禄制、建立新的封建专制主义中央集权制、推行郡县制为重点。他在这方面的贡献远远超过了李悝和吴起。商鞅变法的政治改革内容主要有奖励军功、实行军功爵制、编制什伍组织等。

商鞅下令"有军功者，各以率受上爵，为私斗争，各以轻重被刑"，以奖励军功而禁止私斗。规定爵位依军功授予，贵族宗室没有军功也不得列入公族簿籍。即"有功者显荣，无功者虽富无所荣华"。就是说有功劳的贵族子弟，可享受荣华富贵；无功劳的，虽家富，也不得铺张。

制定军功爵制的做法，意味着商鞅彻底废除了旧世卿世禄制，根据军功的大小授予爵位，官吏从有军功爵的人中选用。经过若干年的发展，军功爵制发展为后来著名的二十级爵：第一级曰公士，第二级曰上造……第十九级曰关内侯，第二十级曰彻侯。

废除世卿世禄制，奖励军功，使得军功地主势力发展起来，打击奴隶主贵族势力，维护新兴地主势力，使得秦国军事力量发展起来，成为"虎狼之国"。

更重要的是，由于推崇战功，秦国军队的战斗力大大增强。秦国在对外战争中，国力进一步增强，从而扭转了长期以来被动挨打的局面。

公元前355年，秦孝公与魏惠王在杜平相会，结束了秦国长期不与中原诸侯会盟的被动局面，提高了秦国的地位。秦国还用武力逐步占有了土地肥沃、农业发展水平较高的巴蜀地区和盛产牛马的西北地区，社会生产得到迅速发展，从而为秦王嬴政统一全国奠定了物质基础。

商鞅变法中最重要，对后世影响尤为深远的一项措施是推行什伍制、郡县制。秦国的都、乡、邑、聚原来都是自然形成的大小居民地点。商鞅为了加强封建专制的统治，管理广大居民，规定居民要登记个人户籍。

商鞅在李悝的《法经》基础之上，增加了连坐法，推行了什伍制。主要内容是：居民以五家为"伍"、十家为"什"，将什、伍作为基层行政单位。按照编制，登记并编入户籍，责令互相监督。一家有罪，九家必须连举告发，若不告发，则十家同罪连坐。不告奸者腰斩，告发"奸人"的与斩敌同赏，匿奸者与降敌同罚。这与后代的保甲制度相同。商鞅同时规定，旅店不能收留没有官府凭证者住宿，否则店主也要连坐。

"集小都乡邑聚为县"，以县为地方行政单位，废除分封制，"凡三十一县"。县设县令以主县政，设县丞以辅佐县令，设县尉以掌管军事。县下辖若干都、乡、邑、聚。商鞅通过县的设置，把领主对领邑内的政治特权收归中央。该措施有力地配合了"废井田、开阡陌"政策，用政治手段保证了土地私有。巩固了中央集权的封建统治，削弱了豪门贵族在地方的势力。

后来，秦在新占地区设郡。郡的范围较大，又有边防军管性质，因而郡的长官称郡守。后来郡内形势稳定，转向以民政管理为主，于是郡下设若干县，形成秦的郡县制。

变革意义

商鞅变法之前，秦国基本处于奴隶制的统治之下。经过商鞅变法，秦国彻底结束了奴隶制，全面进入了封建社会。秦国的经济得到发展，军队战斗力不断加强，发展成为战国后期最富强的封建国家。

商鞅变法之前，魏国和齐国先后在诸侯之中称霸，秦国相对弱小，成为各诸侯国争相侵略的对象。商鞅变法的直接结果是秦国很快强大起来，迅速收复了河东的失地，成为新的霸主。这为一百余年后秦王嬴政结束诸侯割据时代，进入大一统时期奠定了坚实的物质基础。

更为重要的是，商鞅变法的一些措施为日后秦帝国加强中央集权制提供了可供借鉴的模式，如郡县制、统一度量衡等。而中国之所以不像欧洲一样一直保持分裂，其中最重要的原因就是文化的统一。所以商鞅变法对促进中国的大一统局面作出了突出贡献。

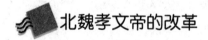

北魏孝文帝的改革

变革掠影

【变革时间】公元 484～495 年

【关键人物】北魏孝文帝

【历史影响】北魏孝文帝改革使北魏政治、经济有了较大的发展，创造了和平的环境，各族人民交往频繁，使民族融合步伐加快，为北方经济的恢复发展作出了贡献，也使少数民族生活方式封建化。

历史纵深

鲜卑族是我国历史上一个古老的民族，拓跋部是鲜卑族活动在大兴安岭北端东麓一带的一个分支。拓跋部不断南迁，在西晋时，部落首脑拓跋猗卢因为帮助当时统治者抗击刘渊、石勒有功，被封为代王，建立了代国。

不久，代国被兴起的前秦所灭，拓跋部的历史也暂时中断了。淝水之战后，前秦统治瓦解，拓跋部的拓跋珪趁机复国，召开部落大会，即位代王，并改国号为魏，称皇帝，史称北魏。

此后几代北魏统治者都致力于统一、兼并战争。在民族征服的过程中，北魏统治者对各族人民实行了民族歧视和残酷的民族压迫政策，在征服战争中也常常出现疯狂的民族杀戮，民族矛盾不断激化。

到了北魏中期，民族矛盾虽已日趋缓和，但由于统治阶级过度的剥削和压迫，阶级矛盾也日益尖锐起来，农民起义年年爆发，特别是公元445年陕西杏城的卢水胡人盖吴领导的起义，发动了十余万群众参加起义，北魏政府派出6万骑兵前来镇压，统治者拓跋焘亲临指挥，最终盖吴被叛徒杀害。盖吴起义失败了，却使北魏统治者受到了极大的打击。

公元471年，拓跋宏（公元467～499年）即位，是为孝文帝。北魏拓跋家一直引用汉武帝的老办法，"立其子杀其母"，就是在立儿子做太子的同时，杀掉太子的母亲，以此来防止西汉时期吕后那样的悲剧重演。拓跋宏的生母也是这样被杀死的。年幼的拓跋宏只能由祖母抚养。所以在拓跋宏即位之初，政权一直由太皇太后冯氏把持。

北魏孝文帝拓跋宏

孝文帝刚上台的时候，北方五胡十六国经过八九十年的纷争，割据局面基本结束，黄河流域和关中之地尽归北魏，鲜卑族成了统一北方的主人。

可是，鲜卑族自身的历史很短。三国时期，当中原汉族已经进入封建社会大发展阶段，鲜卑族才刚刚摆脱"渔猎生活"，经济、文化都很落后。譬如：北魏王朝刚刚建立的时候，官吏都不发俸禄，"唯索取于民"，以后竟成为制度。大小官吏纷纷公开搜刮民脂民膏，并以此作为正当俸禄，以致贪污、强夺百姓财产成了家常便饭，朝廷对此也放纵不管。

由于这种种原因，农民起义依旧有增无减，朝廷残酷的镇压非但没有平息人民的起义，反而激发了更多矛盾和斗争。为了缓和社会矛盾和民族矛盾，太皇太后、孝文帝先后进行了一系列的改革，统称为孝文帝改革。

孝文帝改革涉及政治、经济、文化等各个领域，范围极其广泛，内容也极为丰富。概括起来有以下四点：

第一，推行均田制。所谓均田制，就是把国家控制的土地（露田）分配给农民，成年男子每人40亩，妇女每人20亩，让他们种植谷物，另外还分给桑地。农民必须向官府交租、服役，土地不得买卖。

农民死后，除桑田外，都要归还官府。这样一来，开垦的田地多了，农民的生产和生活比较稳定，北魏政权的收入也增加了。均田制将农民牢牢束缚在土地上，成为国家的编户，保证了地主们的基本利益及土地私有制。

在实行均田制的同时孝文帝又颁布了与之相联系的租调制。租调制规定一对夫妇每年向政府缴纳一定数量的租调。租调制改革了原来赋税征收上的混乱现象，相对减轻了农民的租调负担，改善了农民的生产生活条件，从另一方面促进了生产力的发展。

第二，整顿吏治。吏治的败坏不仅激化了社会矛盾，同时也使统治阶级内部产生了矛盾。北魏孝文帝制定官吏俸禄制，整顿吏治。俸禄由国家统一筹集，不许官吏自筹。官吏的升迁和奖惩一律以"治绩"的好坏为标准。这就整肃了官僚机构，巩固了封建统治。

另外，孝文帝还设立了"三长制"。这是北魏的基层行政组织，它的职责是检查户口，征收租赋，征发徭役和兵役，推行均田制。三长制的推行健全了地方基层政权，取代了宗主督护制，保证了国家对人民有效的控制。

第三，迁都洛阳。为了接受汉族先进文化，加强对黄河流域的控制，孝文帝决定迁都洛阳。魏孝文帝是一个政治上有作为的人，他认为要巩固魏朝的统治，一定要吸收中原的文化，改革一些落后的风俗。

北魏自定都平城（今山西省大同市东北）以来到孝文帝已近百年。平城气候恶劣，生产粮食逐渐不能满足京城的需要。平城地处偏僻，使北魏政府很难有效地控制中原地区，北方的少数民族柔然也逐渐强大起来，对北魏构成威胁。

为了学习中原先进的文化，加强对黄河流域的控制，巩固北魏政权。孝文帝决心把国都从平城迁到洛阳。

　　他怕大臣们反对迁都的主张，先提出要大规模进攻南齐。有一次上朝，他把这个打算提了出来，大臣纷纷反对，最激烈的是任城王拓跋澄。

　　孝文帝发火说："国家是我的国家，你想阻挠我用兵吗？"

　　拓跋澄反驳说："国家虽然是陛下的，但我是国家的大臣，明知用兵危险，哪能不讲。"

　　孝文帝想了一下，就宣布退朝，回到宫里，再单独召见拓跋澄，跟他说："老实告诉你，刚才我向你发火，是为了吓唬大家。我真正的意思是觉得平城是个用武的地方，不适宜改革政治。现在我要移风易俗，非得迁都不行。这回我出兵伐齐，实际上是想借这个机会，带领文武官员迁都中原，你看怎么样？"拓跋澄恍然大悟，马上同意魏孝文帝的主张。

　　公元493年，魏孝文帝亲自率领步兵、骑兵30多万人南下，从平城出发，到了洛阳。正好碰到秋雨连绵，足足下了一个月，到处道路泥泞，行军发生困难。但是孝文帝仍旧戴盔披甲骑马出城，下令继续进军。大臣们本来不想出兵伐齐，趁着这场大雨，又出来阻拦。孝文帝严肃地说："这次我们兴师动众，如果半途而废，岂不是给后代人笑话。如果不能南进，就把国都迁到这里。诸位认为怎么样？"

　　大家听了，面面相觑，没有说话。孝文帝说："不能犹豫不决了。同意迁都的往左边站，不同意的站在右边。"

　　一个贵族说："只要陛下同意停止南伐，那么迁都洛阳，我们也愿意。"许多文武官员虽然不赞成迁都，但是听说可以停止南伐，也都只好表示拥护迁都了。

　　孝文帝把洛阳一头安排好了，又派任城王拓跋澄回到平城去，向那里的王公贵族宣传迁都的好处。后来，他又亲自到平城，召集贵族老臣，讨论迁都的事。

　　平城的贵族中反对的还不少。他们搬出一条条理由，都被孝文帝驳倒了。最后，那些人实在讲不出道理来，只好说："迁都是大事，到底是凶是吉，还是卜个卦吧。"

孝文帝说："卜卦是为了解决疑难不决的事。迁都的事，已经没有疑问，还卜什么。要治理天下的人，应该以四海为家，今天走南，明天闯北，哪有固定不变的道理。再说我们上代也迁过几次都，为什么我就不能迁呢？"

贵族大臣被驳得哑口无言，迁都洛阳的事，就这样决定下来了。孝文帝把国都迁到洛阳以后，决定进一步改革旧的风俗习惯。

第四，实行汉制与移风易俗。主要内容有改官制、禁胡服、断北语、改复姓、定族姓等，这是孝文帝改革中最重要的措施。

禁胡服：鲜卑贵族一律改穿汉装。

断北语：孝文帝宣布以汉语为"正音"，称鲜卑语为"北语"，要求朝臣"断诸北语，一从正音"。

改复姓：定门第等级。孝文帝下诏，将鲜卑人原有的姓氏改为汉姓。

定族姓：孝文帝还参照汉族门阀制度的做法，来确定鲜卑贵族的门第高下，并按照门第高低来选拔人才，任命官吏。

通婚姻：孝文帝提倡鲜卑人与汉人通婚，通过这种政治联姻把两族统治者的利益和命运紧密联系在一起，以巩固统治。

改籍贯：凡已迁到洛阳的鲜卑人，一律以洛阳为原籍。

变革意义

北魏孝文帝大刀阔斧的改革，使北魏政治、经济有了较大的发展，农业生产工具得到改进，兴修水利、开垦荒地，粮食产量增多，畜牧业得到发展，手工业生产日益活跃，商业活动也日趋活跃。

迁都洛阳以后，鲜卑统治者接受了汉族先进文化制度，大大加速了北魏政权的封建化进程，对北魏社会政治生活乃至整个中国历史产生了深远的影响。

北魏孝文帝改革不仅缓和了民族矛盾，通过孝文帝的改革，鲜卑族的经济文化也得到了迅速的发展，比起同期进入中原的其他民族，如羯、氐等，鲜卑族的汉化程度无疑是最高的。同时汉民族也吸收了鲜卑族文化中优秀的部分，使自己的发展更为完善。

孝文帝改革巩固了北魏的封建统治，更促进了民族的大融合，为结束长期分裂局面，重新走向国家统一奠定了基础。

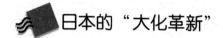

日本的 "大化革新"

变革掠影

【变革时间】公元 646 年

【关键人物】孝德天皇

【历史影响】"大化革新"推动了日本社会的进步，它改部民制为班田制，使部民转变为班田农民，负担固定的租税和徭役，农民有自己的土地、宅地，对山林沼泽也有使用权。农民在经济上获得了一定的独立，一定程度上提高了其生产积极性，促进了社会经济的发展。

更为重要的是，"大化革新"使日本进入封建社会，建立起以天皇为中心的中央集权国家，使日本历史的进程出现一次新的跃进。

历史纵深

古代东方各国，经济文化交流频繁。一衣带水的地理条件对中日交流发生了实质性作用。公元 646 年的日本 "大化革新"，就同盛唐的影响有着密切联系。透过刀光剑影、改朝换代，我们看到的是日本历史车轮前进的轨迹。

公元 1 世纪时，日本尚处于氏族公社时期，仅北九州就有百余个部落或部落联盟。强大的部落，已经遣使中国。如公元 57 年，奴国（今福冈市附近）遣使朝贡，到达东汉王朝的首都洛阳，汉帝赐予 "汉委（倭）奴国王" 称号和金印。这块金印于 1784 年在福冈县志贺岛被发现。

公元 2 世纪，北九州出现了邪马台国，有 7 万户居民，统辖二十几个部落。女王卑弥呼住在重兵护卫的宫殿里，役使奴婢千人，死时用一百多个奴隶为她殉葬。这就是奴隶制国家的雏形。

公元 239 年（魏景初三年），卑弥呼派使臣到洛阳，向魏帝贡献奴隶和带斑纹的麻布，得到 "亲魏倭王" 的封号和金印，领受各种锦绸、珠宝、黄金、大刀、铜镜等珍贵物品的赏赐。当时邪马台国经济虽有一定进步，但其他地方

"汉委(倭)奴国王"金印

仍是部落国家,日本并没有统一起来。

公元3世纪中叶,日本本州中部兴起一个较强大的奴隶制国家,叫做"大和国"。大和国经济较发达,经过不断扩张,征服了日本列岛上其他部落,统一了日本,建立了以王室为中心的奴隶主贵族联合专政。

大和国的最高统治者称为"大王",是世袭君主,但并未具有绝对权力。有势力的奴隶主贵族及其亲信掌管着国家的军事、财政、祭祀等大权,构成王室和奴隶主贵族的联合统治。

王室和奴隶主都拥有大量土地,这些土地都是奴隶被迫开垦出来的,但却连同奴隶一起分别归属于王室和贵族。

大和国还建立了"部民制",即把奴隶按其从事的行业编成许多生产集体,称为"部"。部民担负着各种沉重的生产劳动,一切产品都归王室和奴隶主所有。部民没有人身自由,奴隶主虽不能任意处死部民,但可作为礼物或贡物赠送他人,转移所有权。部民制也就是日本的奴隶制。

部民成员大部分是被王室和奴隶主贵族征服、兼并的氏族部落成员,也有来自中国和朝鲜的移民被强制编成部,从事手工业或其他劳动。大和族人因犯法受罚也有成为部民的,平民在奴隶主的压榨下,也往往丧失自由,沦为奴隶。

奴隶主贵族对奴隶、部民及平民的残酷剥削和压迫,使人民生活困苦不堪,从而加深了他们同统治阶级的矛盾。各地奴隶不断暴动和举行起义,或以逃亡的形式反抗奴隶主的统治,社会动荡不安。

与此同时,统治阶级内部也不断发生争地、争民、争权的利益斗争。公元6世纪末,大奴隶主苏我氏在火并中获胜,并一手控制了朝廷大权,专制独断，飞扬跋扈，还不断与王室争夺土地和部民，以扩大自己的势力范围。奴隶主贵族也肆意霸占山林土地，强占兼并广大农民的土地，随意驱使奴役部民。劳动群众实难继续生活下去。生产荒废，五谷不丰，饥民饿殍随处可见。人民怨声载道，起义不断。新兴封建势力为发展封建经济文化，也要求废除奴隶制，进行社会改革。

当时，正值中国唐朝封建经济和文化进入鼎盛时期，这对亚洲各国，特别是近邻日本产生了极大影响。日本派出16次"遣唐使"到中国交流学习，日本留学生南渊清安、高向玄理等人带回了唐朝的律令制度。这一切都促进了日本改革势力的增长，为推翻奴隶制做了必要的准备，日本奴隶制崩溃的历史命运已不可避免。

公元645年，以中大兄皇子、皇族外戚中臣镰足为首的朝中有识之士，发动政变，杀死握有朝廷实权的最大奴隶主苏我氏，夺取政权，拥立孝德天皇，建年号"大化"，迁都难波（今大阪）。

公元646年（大化二年）元旦，孝德天皇颁布"革新诏书"，仿唐朝封建政治经济制度进行改革，史称"大化革新"。

"大化革新"是日本历史上一次重大的政治、经济变革，其变革的内容是多方面、全方位的。

在经济方面，废除部民制，建立班田收授法与租庸调制。

改革废除了过去天皇、奴隶主私家占有土地和部民制度，土地、部民一律收归国有，成为公地公民。奴隶主贵族成为政府官吏，从国家得到"食封"即俸禄。

实行了班田收授法与租庸调制。班田六年一班，即政府每隔6年，给6岁以上的男子口分田2段，女子为男子的2/3，私奴婢为公民的1/3，公奴婢同公民数。受田人死后，口分田归公。

班田农民担负租庸调。租，即实物地租，受田每段交纳租稻2束2把。庸，是力役及其代纳物，凡50户充壮丁1人，50户负担壮丁1人之粮，1户缴纳庸布1丈2尺，庸米5斗。调，征收的地方特产，分为田调、户调、付调。田调按土地面积征收。户调按户征收。付调随各乡土特产征收。

在政治方面，建立中央集权天皇制封建国家。

公元 649 年，天皇下诏，令国博士高向玄理与僧旻"置八省百官"，建立中央机构。中央设两官（太政官、神祇官），八省（兵部省、刑部省、大藏省、民部省、冶部省、式部省、中务省、宫内省），一台（检察机关）。地方设国、郡、里，分别由国司、郡司、里长治理。

"八省百官"制和国郡里制均受唐朝的三省六部制和州县制的影响。两者虽在形式上有差异，但其性质都是中央集权的行政体制。

公元 647 年，制定七色十三阶冠位。两年后又制定十九阶冠位。对于大夫以上的贵族赐予食封，大夫以下的给予布帛，作为俸禄。

"大化革新"还实行了征兵制。公民须服兵役，军权归属中央。

"大化革新"是封建制代替奴隶制的社会根本变革，必然深深触动奴隶主阶级的利益。在此期间，革新与反革新、复辟与反复辟的斗争异常尖锐。

公元 672 年，奴隶主贵族发动了"壬申之乱"，中大兄皇子举兵平息叛乱。公元 701 年，政府制定《大宝律令》，以法律形式保障了革新成果。公元 718 年，制定《养老律令》。经过半个多世纪的斗争，才巩固了封建天皇制，"大化革新"最后完成。

变革意义

"大化革新"是日本历史上一次重大的政治和经济变革，推动了日本社会的进步。它改部民制为班田制，使部民转变为班田农民，负担固定的租税和徭役，有自己的土地、宅地，对山林沼泽也有使用权。农民在经济上获得了一定的独立，一定程度上提高了生产积极性，促进了社会经济的发展。"大化革新"使日本进入封建社会，建立起以天皇为中心的中央集权国家，使日本历史的进程出现一次新的跃进。

由封建私有制代替奴隶私有制的变革，又必然具有不彻底性。奴隶主贵族的政治经济势力并未从根本上铲除，他们还拥有一定的私田，并不断扩大私有领地，不肯交归国有，最终形成日本封建割据的局面。部民中还有一部分具有专长的人不许变更职业，隶属政府或私家。这虽然不能阻挡日本封建制度的确立和发展的总趋势，但种下了日后动乱的祸根。

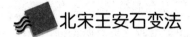 北宋王安石变法

变革掠影

【变革时间】1069～1086 年

【关键人物】宋神宗、王安石

【历史影响】王安石变法缓和了北宋时期尖锐的阶级矛盾，稳定了北宋的统治。国家的财政收入增加了，当时朝廷内外的仓库所积存的钱粟"无不充衍"，军队战斗力也有一定的提高。更为重要的是，王安石变法的精神被后世的读书人所继承，对中国封建社会后期产生了深远的影响。

历史纵深

北宋初年，统治阶级为了缓和阶级矛盾，采取了发展生产等一系列积极的措施。这对促进社会进步起到了积极作用。至宋真宗（998～1022 年在位）时，社会环境呈现相对稳定，经济比较繁荣的局面。

然而，与此同时，北宋建立以来固有的社会矛盾不断加剧，集权统治所造成的消极影响也开始显露出来，酝酿了动摇北宋王朝统治的危机。到了北宋中期，北宋王朝的隐疾——政治、经济危机已经可以预见。

阶级矛盾尖锐化最突出的表现是土地兼并的剧烈发展。北宋建立之初，统治者就实行"不抑兼并"的政策，放任地主肆无忌惮地兼并土地，却享有不缴纳赋税的特权。一方面，土地高度集中；另一方面，国家财政收入不断减少。

宋太宗（976～997 年在位）时，土地的集中已十分严重，"富者有弥望之田，贫者无立锥之地"，至宋仁宗（1023～1063 年在位）时，更是"势官富姓，占田无限，兼并冒伪，习以成俗"。至英宗（1063～1067 年在位）时全国土地总数中的三分之二已经集中在官户、形势户以及僧侣地主的手中，使大批农民失去田产，沦为佃户，遭受沉重的剥削和压迫。

为了争取生存的权利，农民只有拿起武器，铤而走险。至宋仁宗庆历（1041～1048年）之初，农民阶级的反抗斗争已经是此起彼伏，"一年多似一年，一伙强如一伙"，极大震动了统治阶级。其中影响较大的有陕南商山张海领导的农民起义；同年湖南桂阳监的瑶汉人民起义。

"三冗"构成北宋中叶统治危机的重要内容之一。所谓"三冗"是指"冗官"、"冗兵"和"冗费"。

北宋官僚机构臃肿庞大，官员众多，由于"官、职、差遣"的任官制度，有许多官员只享受俸禄，而无实际职事。此外，还有人数众多的等待差遣的官僚预备队。宋朝文武官员的俸禄十分优厚，"恩逮于百官者，唯恐其不足；采取于万民者，不留其有余"。

北宋军队数量与年俱增，太祖时仅有禁军19.3万人，太宗时增至35.8万人，真宗时增至43.2万人，仁宗时猛增至82.6万人，全国军队包括厢军在内已有125.9万人。北宋军队数量虽多，但由于实行"守内虚外"等政策和"更戍法"，军队得不到很好的训练，战斗力大大削弱。

为维持庞大的官僚机构和军队的开支，再加上"澶渊之盟"之后，宋朝每年都要向辽和西夏缴纳大量"岁币"，朝廷的财政负担日益沉重，其中尤以军费支出数额巨大，天下"六分之财，兵占其五"。

真宗末年，朝廷财政收支略有结余，仁宗皇佑元年收支相抵，已无节余。英宗治平二年，已经是寅吃卯粮，财政赤字达1570余万缗。由此可见，当时北宋存在着严重的财政危机，深重的外患和尖锐的阶级矛盾，改弦更张，变法改革已经是势在必行了。在这种历史背景之下，王安石被推上了变法的舞台。

王安石（1021～1086年），字介甫，江西临川人，北宋杰出的政治家、思想家、文学家，唐宋八大家之一。他出生在一个小官吏家庭。父名益，字损之，曾为临江军判官，一生在南北各地做了几任州县官。因生性偏躁，时人戏称"拗相公"。王安石在青少年时期随父亲到过许多地方，对宋朝的社会问题有一些感性认识，有坚强的意志和较强的社会责任感，因而能在变法过程中矢志不渝。

庆历二年（1042年），王安石考中进士，先后任淮南判官、鄞县知县、舒州通判、常州知州、提点江东刑狱等地方的官吏。治平四年（1067年），宋神宗（1048～1085 年，1067～1085 年在位）初即位，诏王安石知江宁府，不久又召为翰林学士。熙宁二年（1069年）提王安石为参知政事，开始推行新法。

王安石的改革是多方面、全方位的。在机构改革方面，他首先设置了"制置三司条例司"。原本宋朝的财政由三司掌握，王安石设立置制三司条例司来作为三司的上级机构，统筹财政，是当时最高的财政机关。此机关除了研究变法的方案、规划财政改革

王安石

外，也制定国家一年内的收支，并将收入定其为定式。

熙宁二年七月，为了供应京城皇室、百官的消费，又要避免商人囤积，在淮、浙、江、湖六路设置发运使，按照"徙贵就贱，用近易远"、"从便变易蓄买，以待上令"的原则，负责督运各地"上供"物资。意在省劳费、去重敛，减少人民的负担。这就是均输法。此法，早在西汉桑弘羊时试行，唐代以后各郡置均输官，达到"敛不及民而用度足"。

熙宁二年九月，颁布青苗法。规定以各路常平、广惠仓所积存的钱谷为本，其存粮遇粮价贵，即较市价降低出售，遇价贱，即较市价增贵收购。其所积现钱，每年分两期，即在需要播种和夏、秋未熟的正月和五月，按自愿原则，由农民向政府借贷。收成后，随夏、秋两税，加息十分之二或十分之三归还谷物或现钱。青苗法使农民在新陈不接之际，不致受"兼并之家"高利贷的盘剥，使农民能够"赴时趋事"，但具体实施中出现了强制借贷现象。

熙宁三年（1070 年）十二月，司农寺拟定了募役法，又称"免役法"，开始在开封府界试行，同年十月颁布全国实施。免役法废除原来按户等轮流充当州县差役的办法，改由州县官府自行出钱雇人应役。雇员所需经费，由民户按户分摊。原来不用负担差役的女户、寺观，也要缴纳半数的役钱，称为"助役钱"。使得农民从劳役中解脱出来，保证了劳动时间，促进了生产发展，

也增加了政府财政收入。

王安石变法在赋税方面推行的新法最多。

熙宁四年（1071年）八月，司农寺制定了《方田均税条约》，分"方田"与"均税"两个部分。"方田"是每年九月由县长举办土地丈量，按土壤肥瘠定为5等，"均税"是以"方田"丈量的结果为依据，制定税数。方田均税法清出豪强地主隐瞒的土地，增加了国家财政收入，也减轻了农民负担，同时却严重损害了大官僚大地主的利益，遭到他们强烈反对。

熙宁五年（1072年）三月，王安石颁行市易法。由政府出资金一百万贯，在开封设"市易务"（市易司），在平价时收购商贩滞销的货物，等到市场缺货的时候再卖出去。同时向商贩发放贷款，以财产作抵押，5人以上互保，每年纳息2分，用以达到"通有无、权贵贱，以平物价，所以抑兼并也"。市易法增加了财政收入。

兴修水利是王安石变法中的一项重要内容。新法规定各地兴修水利工程，用工的材料由当地居民照每户等高下分派。只要是靠民力不能兴修的，其不足部分可向政府贷款，取息一分，如一州一县不能胜任的，可联合若干州县共同负责。

王安石在军事上也采取了一系列的改革措施。他首先整顿了厢军及禁军，规定士兵50岁后必须退役，并测试士兵，禁军不合格者改为厢军，厢军不合格者改为民籍。

王安石废除了北宋初年定立的更戍法。用逐渐推广的办法，把各路的驻军分为若干单位，每单位置将与副将一人，专门负责操练军队，以提高军队素质。这种方法称为"将兵法"，又叫"置将法"。

神宗时，宋朝战马只有十五万余匹，政府鼓励西北边疆人民代养官马。凡是愿意养马的，由政府供给马匹，或政府出钱让人民购买，每户一匹，富户两匹。马有生病死亡的，就得负责赔偿。这就是"保马法"。此法施行的过程中遭遇了瘟疫流行，死了不少马匹，徒增民忧。不久便废止了保马法，改行民牧制度。

王安石还颁布了军器监法。熙宁六年（1073年）七月颁行免行法。八月广设军器监，负责监督制造武器，并且招募工匠，致力改良武器。

另外，王安石还颁布了保甲法。熙宁三年（1070年）司农寺制定《畿县保甲条例颁行》。乡村住户，每5家组一保，5保为一大保，10大保为一都保。凡有2丁以上的农户，选一人来当保丁，保丁平时耕种，闲时要接受军事训练，战时便征召入伍。以住户中最富有者担任保长、大保长、都保长。用以防止农民的反抗，并节省军费。

在科举方面，王安石也采取了一些改革措施，颁布了"三舍法"和"贡举法"，希望以学校的平日考核来取代科举考试，选拔真正的人才。"三舍法"，即把太学分为外舍、内舍、上舍三等，"上等以官，中等免礼部试，下等免解"，后来地方官学也推行此法，反映了班级教学的特色。

王安石认为"欲一道德则修学校，欲修学校则贡举法不可不变"。改革贡举法，废明经、存进士。熙宁三年（1070年）三月，进士殿试罢诗、赋、论三题而改试时务策。熙宁四年（1071年）二月，颁新贡举制，废明经，专以进士一科取士。另设"明法科"，考察律令和断案。

王安石的变法对于增加国家收入，有着积极的作用，北宋积贫积弱的局面得以缓解。北宋熙宁六年（1073年），在王安石指挥下，宋熙河路经略安抚使王韶率军进攻吐蕃，收复河（今甘肃临夏）、岷（今甘肃岷县）等五州，拓地2000余里，受抚羌族30万帐，建立起进攻西夏地区的有利战线。

王安石变法触动了大地主大官僚阶级的利益，遭到他们的强烈反对，司马光曾经多次上书皇帝取消新法。同时改革的最主要支持者宋神宗在关键时刻发生了动摇。宋神宗死后，司马光于元祐元年（1086年）出任宰相，彻底废除新法，连很有成效的募役法也被废除。

变革意义

王安石变法是中国历史上一次重大政治变革。变法以"富国强兵"为目标，从新法次第实施到新法为守旧派所废罢，其间将近15年。在这15年中，每项新法在推行后，虽然都不免产生了或大或小的弊端，有的是因为变法派自己改变了初衷，有的是因执行新法出现偏差，但基本上收到了预期效果，使豪强兼并和高利贷者的活动受到了一些限制，使地主阶级的下层和自耕农民从事生产的条件获得一些保证，但贫苦农民从新法中得到好处则很有限。

　　尽管如此，王安石的变法总归缓和了当时的阶级矛盾，稳定了北宋的统治。封建国家增加了财政收入，当时朝廷内外的仓库所积存的钱粟"无不充衍"，军队战斗力也有一定的提高。更为重要的是，王安石变法的精神被后世的读书人所继承，对中国封建社会后期产生了深远的影响。

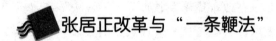 张居正改革与"一条鞭法"

变革掠影

【变革时间】1572～1582 年

【关键人物】张居正

【历史影响】张居正改革在一定程度上缓和了统治阶级与广大劳动人民的矛盾，改变了明中期积贫积弱的局面，对稳固封建统治起到了一定的作用。

　　改革中提出的"一条鞭法"之意义则更为深远，它上承唐宋的两税法，下启清代的摊丁入亩，还为资本主义在中国萌芽提供了有利的条件。

历史纵深

　　明朝是中国封建专制制度极度发展的一个王朝。它的政治体制造成了君主绝对权力的滥用和腐败的官僚政治。从封建社会确立以来，皇帝对处理国家事务就有至高无上的独裁权，但明朝以前，各封建王朝都设置宰相或与宰相相当的职位协助皇帝处理事务。

　　明朝建立以后，明太祖朱元璋担心宰相分权，收回了宰相的权力，设置内阁首辅作为皇帝的事务秘书，一切章奏皆由皇帝亲自过目审批，任何人不得过问。凡是断大事、决大疑，臣下只能面奏听旨，事无巨细统统集权于皇帝一身，君主的权力高度膨胀，超越了以往的历代王朝。

　　事物发展到极点往往走向它的反面，由于权力高度集中给皇亲国戚带来更为骄奢淫逸的生活方式，销蚀了他们管理国家事务的起码能力，滋养出一代又一代昏聩的帝王。

明中叶后，皇帝不临朝成为惯例，嘉靖皇帝深居内宫，修仙炼道，30 年不理政；隆庆皇帝在位 6 年，极少审批公文，遇有国家大事，听任群臣争议，一言不发，有人竟以为他是哑巴。明朝上朝有严格的朝仪，官员稍有失礼要受到处罚，甚至招致非命，大臣觐见都提心吊胆，丝毫不敢懈怠。

财政上的困难比政治危机还要紧迫。明中期后，政府的财政危机逐渐加重。洪武年间（1368～1398 年），夏秋二税米 2473 万石，麦 471 万石。到正德（1506～1521 年）初年，土地集中，赋役不均，人口流移，地方买嘱书吏，隐匿赋税，政府每年公征米 2216 万石，麦 462 万余石。嘉靖（1522～1566 年）后，税收更降到米 1822 万余石，麦 462 万余石。

与此相反，政府的支出却与日俱增。特别是嘉靖二十九年（1550 年），蒙古俺答汗进逼北京，政府因添兵设饷，军费大增。据户部统计，嘉靖三十年，各边饷银达 525 万两，修边、赈济等所需又 800 余万两，两项合计约 1300 万余两。而正税、加派、余盐贩卖，加上其他搜刮，总共才 900 余万两。

隆庆元年底（1567 年）户部统计，太仓仅存银 130 万两，而应支官军俸银 135 万、边饷银 236 万、补发年例银 182 万，三项通计总支出银需 553 万两。以当时的现银当之，只够 3 个月的开支。京仓存粮也只是够支在京的官军两年余的月粮。明王朝的财政拮据到了可怕的地步。

在统治阶级中并非没有开明人士力图改弦易辙，但都没有成功。嘉靖末年首辅徐阶（1503～1583 年）下决心改变局面，把激励自己的口号贴在墙上，吃住不离内阁，通宵达旦地处理公务，裁减冗员，平反冤狱，改善士兵生活，但对时局的败坏并无大补。他自己不久即在敌方的攻击中举措失措，被迫辞职。

继任首辅高拱（1513～1578 年），早有雄心大志，想大干一场。他认为前任的措施不得要领，因此一反徐阶的作为，把平反的诸臣一概报罢，以"识人才"作为"兴治道"的根本方针，选用官吏不问出身、资历，大力提拔年轻官员，规定年满 50 岁的只能授以杂官，不得为州县之长，奖掖优秀，惩治贪惰，务求恪尽职守。这些都有可取之处，他也因此博得"善用人"的佳誉，但是，他不能通观全局，驾驭左右，不久也被罢职。

张居正则是有识之士中的佼佼者。他在统治机构近乎解体，财政濒于破产

的局面下，自上而下发动了一场挽救王朝统治危机的运动。这就是历史上著名的张居正改革。

张居正

张居正（1525～1582年），字叔大，号太岳，湖北江陵人，徐阶的得意门生。他自幼聪颖绝顶，早年得志，16岁中举，23岁就以二甲进士及第的身份，被选为翰林院庶吉士。从此，他跻身政坛，开始了坎坷而又辉煌的政治生涯。

在数十年的宦海生涯中，张居正一向注意观察和思考社会现实中的诸多难题，悉心探究历代盛衰兴亡的经验教训。他曾于隆庆二年（1568年）向明穆宗上了一封《陈六事疏》，试图革除嘉靖以来的各种弊端。

张居正提出的改革主张主要有"省议论"（禁绝空言，讲究实际）、"振纲纪"（整肃风纪，严明法律）、"重诏令"（令行禁止，提高效率）、"核名实"（严明考课，选拔人才）、"固邦本"（轻徭薄赋，安抚民众）和"饬武备"（训练军队，严守边防）等。这是张居正改革的前奏。

明穆宗隆庆六年（1572年），张居正得到大太监冯保的支持，取代了高拱，在明神宗万历年间，连续十年担任内阁首辅。

为挽救明朝统治的危机，张居正从军事、政治、经济等方面进行整顿，尤重于经济的改革，企图扭转嘉靖、隆庆以来政治腐败、边防松弛和民穷财竭的局面。

在内政方面，他首先整顿吏治，加强中央集权制。张居正创制了"考成法"，严格考察各级官吏贯彻朝廷诏旨情况，要求定期向内阁报告地方政事，提高内阁实权，罢免因循守旧、反对变革的顽固派官吏，选用并提拔支持变法的新生力量，为推行新法做了组织准备，并且整顿了邮传和铨政。他的为政方针是："尊主权，课吏职，行赏罚，一号令"和"强公室，杜私门。"

在军事上，为了防御女真入寇边关，张居正派戚继光守蓟门，李成梁镇辽东，又在东起山海关，西至居庸关的长城上加修了"敌台"三千余座。他还与蒙古俺答汗之间进行茶马互市贸易，采取和平政策。从此，北方的边防更加巩固，在二三十年中，明朝和蒙古之间没有发生过大的战争，使北方暂免于战争破坏，农业生产有所发展。

万历七年（1579年），张居正又以俺答汗为中介，代表明朝与西藏黄教首领达赖三世（索南嘉错）建立了通好和封贡关系。在广东地方，先后任命殷正茂和凌云翼为两广军备提督，先后领兵剿灭了广东惠州府的蓝一清、赖元爵，潮州府的林道乾、林凤、诸良宝，琼州府的李茂等叛乱分子。这对安定各地人民的生活和保障生产正常进行，发挥了积极作用。

在水利方面，万历六年（1578年），张居正推荐、起用先前总理河道都御史潘季驯治理黄河、淮河，并兼治运河。潘季驯在治河中贯穿了"筑堤束沙，以水攻沙"的原则，很快取得了预期的效果。

万历七年（1579年）二月，河工告成，河、淮分流。计费不足50万两，为工部节省资金24万两。徐州、淮安之间400千米的长堤蜿蜒，河水安流其间。因而，"田庐皆尽已出，数十年弃地，转为耕桑"。黄河得到治理，漕船也可直达北京，"河上万艘得捷于灌输入大司农矣"。黄河与淮河的分流是中国水利史上的一件大事，它结束了黄河夺淮入海七百余年的历史。

在经济上，整顿赋役制度、扭转财政危机，这是张居正改革的重点。他认为赋税的不均和欠额是土地隐没不实的结果，所以要解决财政困难的问题，首要前提就是勘核各类土地，遂于万历八年（1580年）十一月，下令清查全国土地。在清查土地的基础上，张居正推行了"一条鞭法"，改善了国家的财政状况。

"一条鞭法"是张居正在经济改革方面的重要内容，也是中国封建社会赋役史上的重大变革。明朝初年的赋税制度十分繁杂。当时的赋税以粮为主，银绢为辅，分夏秋两季征收。此外，还规定农民要服各种徭役，并缴纳特殊的土贡，等等。

"一条鞭法"的内容是："总括一县之赋役，量地计丁，一概征银，官为分解，雇役应付。"就是把各州县的田赋、徭役以及其他杂征总为一条，合并征收银两，按亩折算缴纳，大大简化了征收手续，同时使地方官员难于作弊。

实行这种办法，使没有土地的农民可以解除劳役负担，有田的农民能够用

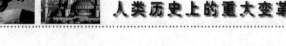
较多的时间耕种土地，对于发展农业生产起了一定作用。同时，把徭役改为征收银两，农民获得了较大的人身自由，比较容易离开土地，这就给城市手工业提供了更多的劳动力来源。没有土地的工商业者可以不纳丁银，这对工商业的发展也有积极作用。

"一条鞭法"的推行，使明政府的岁入有了显著的增加，财政经济状况也有不少改善。国库储备的粮食多达1300多万石，可供五六年食用，比起嘉靖年间国库存粮不够一年用的情况，是一个很大的进步。

张居正的全面改革，旨在解决明朝两百余年发展中所积留下来的各种问题，以巩固明朝政权。改革触动了相当数量的官僚、缙绅和既得利益者的利益，因此很自然地遭遇到了保守派的强烈对抗。再者，历史积弊太深，已是积重难返。万历十年（1582年），张居正积劳成疾，迅即病死，反对派立即群起攻讦。

张居正成了改革的牺牲品，家产被抄没，大部分家属也死于非命。此后，某些改革的成果虽然保留下来，但大部分已经废殆，就像一道亮光在明朝走向沉暮的历程中昙花一现，并不能遏止衰落的步伐。

变革意义

张居正改革是中国封建社会统治阶级内部自上而下进行的一次重大的政治、经济变革。它在一定程度上缓和了统治阶级与广大劳动人民的矛盾，改变了明中期积贫积弱的局面，对稳固封建统治起到了一定的作用。

"一条鞭法"的出现更具历史意义。它的实施使由赋役问题产生的阶级矛盾暂时缓解，有利于农业生产的发展。一条鞭法的实行，使长期以来因徭役制对农民所形成的人身奴役关系有所削弱，农民获得较多的自由，有利于社会经济的发展，对商品生产的发展具有一定促进作用。赋役的货币化，使较多的农村产品投入市场，促使自然经济进一步瓦解，为工商业的进一步发展和资本主义萌芽创造了条件。

一条鞭法毕竟是为了稳固封建统治而提出的，它是介于"两税法"与摊丁入亩之间的赋役制度。它上承唐宋的两税法，下启清代的摊丁入亩。改变了历代赋役平行的征收形式，统一了役法，简化了赋役制度，标志着赋税由实物为主向货币为主、征收种类由繁杂向简单的转变。

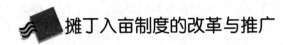摊丁入亩制度的改革与推广

变革掠影

【变革时间】始于 1712 年，完成于 19 世纪初期

【关键人物】康熙、雍正、乾隆等

【历史影响】摊丁入亩后，地丁合一，丁银和田赋统一以田亩为征税对象，简化了税收和稽征手续。无地的农民和其他劳动者摆脱了千百年来的丁役负担，提高了劳动人民的生产积极性，极大地促进了生产力的发展。同时，政府也放松了对户籍的控制，农民和手工业者从而可以自由迁徙，出卖劳动力，有利于资本主义性质的工商业发展。

历史纵深

清政权建立之初，反清复明之声在明朝遗老的号召之下仍然此起彼伏，战火仍在中华地上燃烧，百姓死于兵乱、饥饿、瘟疫者甚多。与此同时，大批农民为了躲避战乱，要么背井离乡，流落各地，要么躲进了深山。

史料显示，明末天启三年（1624 年），全国在籍人口尚有五千余万人，而到了清初顺治八年（1661 年），却只剩下三千余万人，人口减少了五分之二。人口的减少对以人丁和田亩两项税收为主要财政来源的封建王朝来说是一种沉重的打击。

一边是人口锐减，另一边便是土地兼并。清朝入关之初，他们的皇室、贵戚和大大小小的官吏就疯狂地圈占汉人土地，土地兼并由此一发而不可遏止。后来随着地主经济的复苏，他们对土地的兼并现象更加严重。或购买、或奏讨、或投献，手段多种多样。尤其是在商品经济有了一定发展的时代，土地也被纳入商品的范畴进行交易，地权转移因土地买卖而加速。明万历年间，在册耕地为八十多万顷，而到清顺治八年，则只剩下五十多万顷了。到了康熙初年，土地集中已达了无以复加的地步。农村里分化出了大批的无业光丁。这势

必造成赋税减少，增加社会的不稳定因素。

人口流亡，土地兼并不但造成了丁役负担严重不均的局面，还引起了一系列连锁反应，危及到清政府的统治。第一，"以田为经，以丁为纬"征收赋役会影响政府收入。因为"丁额无定，丁银难征"造成不少的钱粮亏空。从康熙五十年（1711 年）到雍正四年（1726 年），大多数省份，百年积欠钱粮都达几十万至几百万。第二，丁役负担沉重地压在无地少地的农民身上，造成阶级矛盾的尖锐化，当时结成党类围攻城府的事件时有发生。

除了社会和政治因素之外，清初的赋税征收也存在重大弊端。清初，明代原有的户部税役册簿大量地毁于兵火，清政府便以仅存的《万历条鞭册》为依据，进行赋役的征发。在其征发的过程中，清朝统治者逐渐体会到了《万历条鞭册》中某些摊丁入亩措施的合理性。

明末，不少大臣主张丈地计赋，丁随田定，即实行摊丁入亩，以期通过采用赋役合一的办法来消除前弊。土地确实是完整的、稳定的，而人口却是变动的，因此，按田定役或摊丁入亩的制度就比按人丁定役的里甲制度要稳妥和适用。

清朝也是顺应晚明的这种趋势，即本着前朝役法改革的精神，更为广泛地推行摊丁入亩，以用田编役之法逐渐代替了里甲编审制度。清康熙年间，丁随粮派或以田摊役的地区，在全国全面颁行摊丁入亩之后，也都开始奉行。这样，将丁役银负担从人口方面全面转向土地方面，以减轻贫民疾苦，稳定社会秩序、稳定财政收入的役法改革就势在必行了。

在这种历史背景之下，摊丁入亩政策便出炉了。从以上论述，可以看出，摊丁入亩萌发于"一条鞭法"，是明代差徭改革的继续和发展。这次税制役法的改革，其中心内容是将过去的丁役银、人头税合并到田税银里，一起征收。

摊丁入亩改革分两步完成：第一步，清政府于康熙五十年（1711 年）宣布，以康熙五十年全国的丁银额为准，以后新增人丁不再加赋，称盛世兹生人丁，永不加赋。把全国征收丁税总额固定下来。但行之既久，各地人口生死迁徙，原定税额与实际不符，出现许多流弊。

第二步，清政府于雍正元年（1723 年）下令，将康熙末年已在四川、广东等省试行的摊丁入亩办法推广到全国，把康熙五十年固定的丁税平均的摊入田亩之中，又称地丁合一，或称地丁银制度。历经康熙、雍正、乾隆、嘉庆四朝一百余年，除盛京外，全国各地基本完成。

当然所谓全面普及或全面推行，并不是百分之百的实施，有个别省份和个别地区是在过了很多年以后才逐步执行的。其中，如台湾地区，摊丁入亩推迟到乾隆十二年（1747 年）实行，贵州省推迟到乾隆四十二年（1777 年）才开始将贵阳等府、厅、州、县应征丁银平均摊入地亩，山西省虽然从乾隆元年开始推行地丁制度，但仅仅是在一部分地区搞，直到晚清道光年间延期了多年执行才完成。

摊丁入亩的实施是一个漫长的历史过程。之所以如此，是因为有些地方的土地兼并与其他省份相比不太严重，自耕农较多，尤其是山西，号称富豪放债，百姓种田，所以，仍然维持从前的赋、役分征办法。后来随着这些地方土地兼并程度的加大，才真正实施了摊丁入亩制度。这表明当时的赋役改革不是一刀切，而是照顾了某些特殊情况，体现了一定的灵活性。从康熙五十五年广东首开先河，到雍正初年全国大部分省份正式推行，中间相隔十多年；而从雍正元年直隶省获准推行，再到山西、贵州等省全部实行，相隔又十多年。可以说是由点到面，逐步到位。就全国看是如此，再就一省看也是如此。如山西省，情况就相当复杂。朔平府的丁银，是乾隆元年、十年和五十九年分三期丁随地起的；代州是在乾隆十六年、二十三年和道光四年；保德县是在乾隆十年、二十三年和嘉庆二十四年（1819 年）；汾州是在乾隆元年、十年和二十三年，均是分三期逐步实行摊丁入亩的。而潞安府则是在乾隆十年、嘉庆元年、道光四年和光绪五年分四期才实现了摊丁入亩。

此外，在摊丁入亩的实行过程中，清廷也允许各省就本地人丁、地亩等具体情况，确定丁随地起的不同的计算范围。如直隶、甘肃两省是通省计摊；而大部分省份则是以州县为单位计摊。在地丁合并上，各地实际操作中也有不同情况，如江苏、安徽、贵州是以亩计摊；又如四川、湖南两省却实行以粮计摊。清廷通过对摊丁入亩实施力度的灵活掌控，有效缓释了阻力，打消了顾虑，使这一千古更张之事得以顺利推行。

变革意义

摊丁入亩是"一条鞭法"的延续和发展，实行得也比较彻底。它最终结束了中国历史上人丁地亩的双重征税标准，使赋役一元化。摊丁入亩在中国封建社会赋役制度史上是一项重要的改革，具有极大的进步意义。

这项改革顺应了社会经济发展的必然趋势。摊丁入亩之后，劳动人民与封建国家之间的人身隶属关系，确实有了很大松动。特别是摊丁入亩使城镇工商业者免除了丁银，客观上有利于工商业的发展。此外农民从农业生产中游离出来，进入城镇或矿山，成为出卖劳动力的雇工。雇佣劳动和手工工厂的发展也为资本主义萌芽的产生准备了条件。

摊丁入亩按土地的单一标准收税，即以土地占有和占有多少作为赋税征收的依据，田多则丁多，田少则丁少，使全国赋役负担达到某种合理、平均的分配，使纳税人的财产与其赋税负担成正比，从而保证国家的正常税收，维持庞大的国家机器的正常运转，基本上取消了缙绅地主优免丁银的特权，这对于均平赋税，减轻自耕农和一般无地贫民的负担，起到了一定的作用。同时，农民负担的减轻也使得其购买力得到了一定程度的加强，从而在客观上促进了商品经济的发展。

摊丁入亩取消了按丁和地分别征收赋税的双重标准，进一步简化了税收程序，这不仅可以在某种程度上防止官吏的贪污舞弊，减轻农民负担，而且对于保证国赋无亏，也有实际作用。国赋无亏，既增加了国家的税收，避免了各级官吏的中饱私囊，又直接促进了雍正、乾隆时期封建盛世的形成和持续发展。

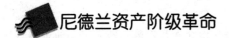

尼德兰资产阶级革命

变革掠影

【变革时间】1566 ~ 1648 年

【关键人物】奥兰治·威廉

【历史影响】尼德兰革命在北方取得胜利，扫清了资本主义发展道路上的障碍，建立了世界历史上第一个资产阶级共和国。

更为重要的是，尼德兰资产阶级革命成为了英、法等国资产阶级革命的先导。尼德兰资产阶级革命的胜利，表明资产阶级革命时代已经到来。

历史纵深

"尼德兰"一词意为低地，是指莱茵河、缪司河、斯海尔德河下游及北海沿岸一带低洼地而言的，包括现今的荷兰、比利时、卢森堡和法国东北的一部分，土地面积约为七八万平方千米。

中世纪初期，尼德兰曾是法兰克王国的中心。公元 11 世纪，这里分裂为许多封建领地，分别隶属于德国和法国。公元 15 世纪，尼德兰又成为勃艮第公国的组成部分。后来由于王室联姻及继承演变，这里成为了哈布斯堡家族的领地。公元 16 世纪初，尼德兰又转属西班牙王国。

早在 13 世纪，尼德兰的手工业就已经很发达了，并以呢绒业闻名于世。公元 14 世纪之后，这里出现了资本主义萌芽，荷兰、泽兰两省的工商业尤为发达。新航路开辟之后，地中海的商路被大西洋取代，尼德兰的经济得到了进一步发展，到 16 世纪之时，尼德兰的经济成为了欧洲经济中的佼佼者。经济的发展带动了城市的繁荣，在尼德兰的 17 个省中出现了三百余座城市，而且安特卫普和阿姆斯特丹逐渐发展成了世界贸易的中心。尤其是安特卫普，这里不仅是商业中心，还是世界上最繁盛的信贷中心，欧洲各国的商行和代办处林立，国外的商人络绎不绝。值得一提的是，此时尼德兰的农村，资本主义农场的经营形式也出现了。

当时的西班牙王朝还处于封建集权统治时期。随着经济的发展，尼德兰出现了新型的阶级——资产阶级，但是在封建专制的压迫下，资本主义经济发展缓慢。要扫清经济发展的障碍，就必须取得更多的权力，于是资产阶级提出了推翻封建统治，建立独立的国家的要求。

西班牙的统治者当然不会允许尼德兰独立。当时，西班牙国库一半以上的收入都出自这里。于是，他们在尼德兰设立了财政机构，大肆掠夺财富。

到了腓力二世（1527～1598 年）时，西班牙的统治更是变本加厉：在政治上排挤尼德兰的贵族，在经济上不仅取消了尼德兰与西班牙殖民地的通商特权，还提高羊毛出口的价格，使尼德兰新型的经济发展受到阻碍，大批的工场倒闭，工人失业人数剧增。更有甚者，西班牙拒绝偿还国债，使尼德兰的银行

西班牙国王腓力二世

信誉扫地。

此时，在宗教改革运动的影响之下，尼德兰新兴资产阶级纷纷改信加尔文教。为了加强对尼德兰的统治，西班牙加强了宗教专制，颁布了臭名昭著的"血腥敕令"，利用宗教裁判所大肆地迫害新教徒。"血腥敕令"规定，凡异端教徒必须处死并没收财产，而藏匿包庇异端教徒者与异端教徒同罪。这个敕令使数不清的尼德兰加尔文教徒被合法地杀害。

腓力二世的高压政策，激起尼德兰人民的极大愤慨，甚至尼德兰贵族也因在政治上受到排斥而日益不满。尼德兰贵族利用人民运动日益高涨的形势，组成以中小贵族为主的"贵族同盟"。

1566年4月5日，贵族同盟中三百多人联合行动，向玛格丽特总督呈递请愿书，提出废除"血腥敕令"，召开三级会议，撤退西班牙驻军等项要求。西班牙政府蛮横地拒绝了他们的要求。

1566年8月11日，佛兰德尔的一些工业城市中的手工工场工人和城市贫民发动起义，斗争的矛头首先指向西班牙反动势力的精神支柱——天主教会。运动从南部开始迅速扩展，很快席卷了西兰、荷兰、弗里斯兰等12个省区，起义群众捣毁教堂和寺院5500多所。起义者不仅限于破坏圣像，并烧毁债券和契约，还到处强迫市政当局停止迫害新教徒，承认新教徒信仰自由，限制天主教僧侣的活动，起义者甚至准备夺取城市领导权。这就是历史上著名的"破坏圣像运动"。尼德兰资产阶级革命也由此拉开了序幕。

面对愤怒的尼德兰民众，西班牙政府一面采取缓兵之计——暂停迫害新教徒活动、拉拢新贵族，一面却在紧锣密鼓地调兵遣将镇压尼德兰革命。1567年，即革命的第二年春天，尼德兰革命遭到了血腥的镇压。但是尼德兰的革命之火并没有熄灭，革命者在南北方均成立了游击队，与西班牙统治者继续斗争。

1572 年，对于尼德兰人来说是不同寻常的一年，荷兰和泽兰地区被解放，并成立了自己的政权，威廉·奥兰治（1533～1584 年）为执政官，这极大鼓舞了尼德兰人的斗志。之后，南方各省也取得了巨大的成功，布鲁塞尔在 1576 年被解放，南北双方通过《根特协定》恢复了统一。

　　《根特协定》缔结后，革命斗争仍继续发展。1577 年秋，南方的布鲁塞尔、根特和安特卫普等城市的人民又发动新的起义，建立"十八人委员会"权力机关，并采取一些民主措施。与此同时，在佛兰德尔、不拉奔等省的农村，农民运动也蓬勃兴起，抗交封建租税，夺取贵族和教会土地，摧毁贵族城堡。

　　革命的高涨，引起南方贵族、天主教僧侣的恐惧，他们企图与西班牙妥协，与西班牙有经济联系的资产阶级保守派也不愿与西班牙断绝往来。1579 年 1 月 6 日，南方反动贵族在阿图瓦省城阿拉斯组成"阿拉斯联盟"，承认腓力二世为"合法的统治者和君主"，天主教为唯一合法的宗教，企图同西班牙勾结起来，向革命反扑，从此，南北方分道扬镳。

　　尼德兰南北方的分裂并非偶然。由于尼德兰经济发展不平衡，没有出现全国性的统一市场。南北方各省分别以安特卫普和阿姆斯特丹为中心，形成两个彼此对立的经济实体，南北市场历来就存在着竞争。南方需要西班牙供应羊毛，安特卫普贸易对象主要是西班牙及其殖民地，因此南方割不断与西班牙的经济联系。

　　同时，北方资产阶级多信奉加尔文教，南方贵族多信奉天主教。南方贵族和天主教僧侣害怕北方民主势力的增长会剥夺他们的封建特权，宁愿维持现状，与西班牙妥协。

　　北方七省和南方部分城市为对抗西南几省贵族的背叛，于同年 1 月 6 日结成乌得勒支同盟，规定建立统一的军队，采取统一的税率、币制和度量衡制，制定共同的军事、外交政策。

　　1580 年 6 月 15 日，腓力二世发表特别宣言，宣布威廉·奥兰治为"最凶恶的叛徒和国事犯"。次年 7 月 26 日，乌特勒支同盟各省的三级会议正式宣布废黜腓力二世，在尼德兰北部成立联省共和国，简称为荷兰共和国。

　　北部富有的资产阶级和贵族公认威廉·奥兰治是最适当的领袖。威廉·奥

荷兰国王威廉一世

兰治就是荷兰的威廉一世国王。1584年7月10日，威廉·奥兰治被西班牙派来的特务枪杀，其子摩里斯被推选为由显贵和资产阶级组成的"民族委员会"的主席，同时又是北方诸省联军的总指挥。

革命胜利后的荷兰是一个联邦国家，三级会议是最高权力机关，每省不论代表多少只有一票表决权，重要问题须全体一致通过，其他问题根据多数意见决定。国务会议是三级会议的常设机关，有委员12人。委员的名额分配按每省纳税的多少决定。荷兰和西兰两省纳税最多，有5名委员，实际把持国务会议。执政是国务会议的首脑，拥有最高军政大权，由奥兰治家族世袭担任。执政出缺，由荷兰省长代理。首都设在海牙。

西班牙侵略者不甘心他们的失败，新总督法尔内塞和阿拉斯联盟一道，首先在南方向革命力量反扑，攻占了安特卫普、布鲁塞尔、根特等城，恢复西班牙在南方的统治。继之法尔内塞率军北犯，遭到摩里斯指挥的北方联军的强烈反击，屡被挫败。

这时，欧洲的国际形势对联省共和国较为有利，它得到了英、法两国的支援。1588年西班牙的"无敌舰队"远征英国惨败，1589～1598年，西班牙出兵干涉法国胡格诺战争也以失败告终。西班牙已无力扑灭尼德兰革命。

1609年4月9日，西班牙国王腓力三世被迫与荷兰签订《十二年停战协定》，在事实上承认了荷兰的独立。尼德兰革命在荷兰北方获得完全胜利，在欧洲建立世界上第一个资产阶级共和国——荷兰。

公元1648年，在战争结束后订立的《威斯特发里亚条约》中，西班牙正式承认荷兰独立。至此，尼德兰资产阶级革命在荷兰北方胜利完成。

变革意义

尼德兰资产阶级革命是具有鲜明的民族解放斗争性质的世界上第一次成功的资产阶级革命。它通过民族解放斗争、全民动员，结成广泛的民族统一阵线，共同抗击西班牙暴政，终于摆脱了西班牙的民族压迫，建立了历史上第一个资产阶级共和国。

独立后的荷兰打破了种种束缚，在革命精神的鼓舞之下走进了 17 世纪的"黄金世纪"，并最终建立了海上霸权，成为声名赫赫的"海上马车夫"。

尼德兰资产阶级革命的意义远不止于此，当欧洲还普遍处于封建专制统治的时期，荷兰共和国的建立具有重要的历史意义，它沉重地打击了欧洲主要封建反动堡垒——西班牙和罗马天主教会。这就成为了以后英、法等国资产阶级革命的先导。尼德兰资产阶级革命的胜利，表明资产阶级革命时代已经到来。

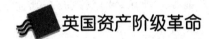

英国资产阶级革命

变革掠影

【变革时间】1640～1688 年

【关键人物】克伦威尔、威廉三世

【历史影响】英国资产阶级革命使得英国走上了资本主义道路，成为世界上的头号强国。更为重要的是，它公开地宣告欧洲新的制度诞生了，开辟了欧洲新时代，为之后欧洲其他国家摆脱封建统治树立了榜样，极大地推动了世界历史发展的进程。

历史纵深

15 世纪末，随着新航路的开辟，大西洋沿岸的国家都受益匪浅，尤其是处于大西洋航运线上的英国。新航路开辟之后，英国的海外贸易开始兴盛起来，促进了国内资本主义经济的发展。

 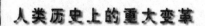

伊丽莎白一世

14～15世纪的圈地运动使英国国内出现了大量的廉价劳动力，进一步加速了资本主义经济的发展，尤其是农业经济开始向资本主义经济过渡。此时，英国统一的国内市场也已逐步形成。

15世纪末～17世纪初，英国处于都铎王朝的统治时期。到了亨利八世（1491～1547年）时，他一方面发动并领导了英格兰宗教改革运动，确立了英国国教的统治地位；另一方面出台了很多有利于资本主义经济发展的措施，促进了资本主义经济的快速发展。

到了伊丽莎白一世（1533～1603年）统治时期，她在之前政策的基础上为资本主义经济的发展提供了更为广阔的空间，尤其是支持并奖励英国人进行海上劫掠和对外贸易扩张活动，为资本主义发展积累了大量的资金。由于国际国内市场的广泛开拓，英国经济开始迅猛发展，伦敦一跃成为当时欧洲的商业和金融中心。

正当资本主义经济迅猛发展之时，斯图亚特王朝开始统治英国。经济的发展带动了社会结构的变化，到了17世纪初期，新型的资产阶级和贵族日益强大，他们迫切地要求在政治上掌握政权，为资本主义经济的发展提供更大空间。但是斯图亚特的国王詹姆士一世（1566～1625年）及其继任者查理一世（1600～1649年）却竭力以"君权神授"为保护伞维护封建专制统治，于是矛盾越来越尖锐。

之后，查理一世为了巩固统治，施行宗教专制，大肆迫害非国教徒，尤其是以资产阶级为主的"清教徒"，并关闭了英国国会，政治局势越来越紧张。

在资产阶级和新贵族及人民群众的怨声载道中，苏格兰人民首先举起了反抗的大旗。1640年，查理一世为了镇压起义被迫恢复了国会的权力，英国资产阶级革命由此拉开了序幕。之后在王党势力和议会势力的相互较量中，以克伦威尔为首的议会势力在经过艰苦的四年战争后，把查理一世送上了断头台，并于1649年成立了共和国。

然而，这并不意味着资产阶级和新贵族的统治已经最后确立。被推翻的反动统治阶级不甘心失败，他们为挽救旧制度而垂死挣扎，积极进行复辟活动。1659年，继承克伦威尔为英国护国主的理查·克伦威尔（克伦威尔之子），被高级军官篡夺了政权，英国政局陷入了动荡之中。

公元1660年2月，隐藏在军队中的王党分子、英国驻苏格兰指挥官蒙克将军带

克伦威尔

兵南下，攻占伦敦，强迫国会改选。4月，查理一世之子查理·斯图亚特在荷兰发表《布列达宣言》。5月，新国会迎立查理·斯图亚特为国王，称查理二世，斯图亚特王朝复辟了。

复辟初期，查理二世在许多方面，特别是在经济政策方面，基本上保持了和国会的协调，在一定程度上满足了资产阶级和新贵族的要求。这说明此时的复辟王朝已不同于革命前的封建专制王朝了。

然而它毕竟是旧王朝的复辟，查理二世在主观上力图恢复其旧日的权力并重建封建秩序。他一登上王位，立即撕毁《布列达宣言》，实行反攻打算，迫害革命者。他还背弃承认革命中财产权变化的诺言，下令由政府出钱为被没收土地者赎回其地产。只是由于受到多方抵制，这一法令未能真正实施。

在对外政策上，查理二世实行亲法的方针，而法国是继荷兰之后，英国最大的海外竞争对手。这对资产阶级是极为不利的。1662年查理二世竟然将具有重大战略地位的敦刻尔克卖给了法国。他还不顾资产阶级和新贵族的反对，暗中同法国国王路易十四缔结《多佛尔条约》：查理二世保证在英国恢复天主教，放弃保护本国工业的政策；路易十四则保证在经济上每年对他给予津贴，答应派遣法军，帮助镇压英国人民革命。

此后，查理二世便走上了企图恢复天主教的道路。1672年颁布了《容忍

宣言》，宣布国王有权撤销任何对非国教徒和天主教徒的刑事判决。这种恢复天主教的尝试激起了朝野的强烈反对。在国会的压力下《容忍宣言》被迫撤销。

但是，更为严重的问题是王位继承人、查理二世之弟詹姆斯是天主教徒，而且娶了法国的公主为妻。面对这一威胁，国会中有人于 1679 年提出了取消詹姆斯王位继承权和永远禁止他回英国的《排斥法案》，引发了一场辩论。下院中多数议员支持这一法案，被称为"辉格党"；少数议员反对，被称为"托利党"。1680 年下院通过了《排斥法案》，却被上院否决。

1685 年 2 月，查理二世病死。因为《排斥法案》在议会未获通过，所以其弟詹姆斯即位，即詹姆斯二世。此人是一个"君权至上"论者，又是个虔诚的天主教徒。他不仅继承了查理二世的反动政策，而且在复辟专制王权方面比他走得更远。詹姆斯即位不久，便取消了 1679 年国会通过的《人身保护法》，并且降低了对法国的商品征收的进口税率。工商界对此极为愤慨。

詹姆斯二世也和查理二世一样，从路易十四那里领取津贴，遵照路易十四的旨意办事。他企图重新恢复天主教会在英国的地位。在宫廷中公开举行天主教的礼拜仪式，大批释放被监禁的天主教徒，任命天主教徒为大学校长、军官等，并在牛津等地成立印刷社，印发天主教的宣传品。

这些恢复天主教的措施立刻在全国引起了轩然大波，遭到资产阶级新贵族的强烈反对。因为天主教比国教更反动，更不利于资产阶级新贵族的经济活动。国教的主教和教士也都反对恢复天主教。对于他们，恢复天主教就意味着丧失领地、什一税和其他世俗福利等。詹姆斯二世的反动统治也把广大人民群众推向苦难的深渊，引起他们不断反抗。

为了阻止天主教的恢复，也为了防止英国君主做出任何违反资产阶级新贵族利益的事。1688 年，代表资产阶级和新贵族利益的辉格党人同代表国教僧侣及封建贵族利益的托利党人联合起来，他们决定发动一次革命，结束詹姆斯二世的统治，迎接他的女儿玛丽和女婿——荷兰执政威廉到英国来，立为女王及国王。当时詹姆斯二世无子，玛丽便是英王的当然继承人。而威廉是新教国家的首领，天主教在法国的誓不两立的仇敌。他们的到来就能保证英国不会再成为天主教的国家，英、荷两国也可以联合起来共同对付法国，从而使英国结束对法国的让步政策。

1688 年 6 月,詹姆斯二世的第二个妻子(也是天主教徒)生了一个儿子,使王位继承权发生了变化。6 月 30 日,英国议会两党和一名主教向威廉发出邀请,请他立即到英国保护他们的自由。威廉希望得到英国王位,当然应允。

1688 年 11 月 5 日,威廉率领荷兰海军在英国西南部登陆,随即向伦敦进军。詹姆斯二世惊慌至极,要求法国出兵干涉。但当时法国卷入对神圣罗马帝国的战争,无法抽调兵力。威廉进入英国后,得到了贵族及乡绅们的支持,许多高级将领亲自到威廉驻地表示支持。詹姆斯二世则众叛亲离,甚至他的小女儿安妮和她的丈夫也投奔了威廉。詹姆斯二世见大势已去,于 12 月仓皇出逃法国。

1688 年 12 月 28 日,威廉进驻白厅。次年 2 月,议会宣布威廉和他的妻子玛丽为英国国王和英国女王,实行双王统治。行政大权由威廉掌握,在英国历史上称威廉三世。从此,英国结束了斯图亚特复辟王朝的统治。资产阶级史学家把这次未经流血的宫廷政变叫做"光荣革命"。

政变成功后,国会又于 1689 年 3 月通过了《权利法案》,规定:今后英国国王必须是国教徒,并对国王的权力作了种种限制:国王非经议会许可不得停止法律的效力;不得擅自决定征收捐税;平时不得招募和维持常备军。法案重申了议会的特权,议会选举必须自由进行,议会必须频繁召开,议会有言论自由。《权利法案》虽然有其明显的局限性,但它的重要意义在于它限制了国王的权力,确定了议会的最高权力,为君主立宪制奠定了基础。

变革意义

英国资产阶级革命,成功地使封建制度过渡到了资本主义制度,成为欧洲摧毁封建专制王权和制度的典范。这次革命为国内资本主义经济的发展扫清了道路,使英国的经济得到了迅猛的发展,并在 18 世纪首先进入了工业革命,成为了"世界工厂"。

更为重要的是,它公开地宣告欧洲新的制度诞生了,开辟了欧洲新的世代,为之后欧洲其他国家摆脱封建统治树立了榜样。此后,欧洲和北美资产阶级革命运动风起云涌,推动了世界历史发展的进程。

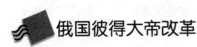 俄国彼得大帝改革

变革掠影

【变革时间】1698～1721 年

【关键人物】彼得大帝

【历史影响】彼得大帝的改革增强了俄国的经济、军事实力，使俄国一跃而为欧洲强国，为进一步对外扩张创造了条件。俄罗斯帝国的崛起大大改变了俄国和世界历史的面貌。

历史纵深

17 世纪末，俄国还处在农奴制时期，全国的所有工场加起来还不足 30 个，而且全部是依靠手工，所生产的物品根本不能满足国民的日常需要，所以只得靠进口来维持，而此时的西方早已经出现了资本主义性质的经济。

欧洲轰轰烈烈的文艺复兴和宗教改革对这个国家也没有丝毫的影响，人们仍然生活在落后和愚昧无知中。俄国在经济、文化等方面，都要落后西欧几百年。

但是俄国并没有因此被淹没在历史的洪流里，相反，半个世纪之后，其以"俄罗斯帝国"享誉世界，成为了当时欧洲各国中的佼佼者，这一切都得益于被后人称之为

彼得大帝

"让俄国腾空而起的"彼得大帝的改革。

据史籍记载，彼得大帝（1672～1725 年）是个仪表非凡，高大魁梧的美男子。他身高达 205 厘米，是世界上身高最高的皇帝。他精力充沛，潇洒欢快，但也时常因饮酒过度而大发雷霆。彼得大帝除了政治和军事才能过人外，还对射击、印刷、航海、造船等做过研究。

彼得大帝即位之后，对俄国的现状进行了全面的分析。他发现，俄国之所以落后，主要原因是俄国的地理位置过于偏僻，要想富强就必须打开出海口，加强与西方的交流与合作。为了改变这种现状，彼得大帝亲自率兵夺取了亚速的出海口。

为了加强与西方的交流与合作，彼得大帝于 1697 年至 1698 年间到西欧作了一次长途旅行。他以鲁尤特尔·米海伊洛夫作为假名，以便掩饰自己的真实身份。然后，他就加入了自己一手策划的出访使团。这个 250 人的使团在一个下士彼得·米哈伊洛夫的率领下在一年的时间出访了西欧主要的国家。

为了看到真实的西欧，彼得大帝在出访期间为荷兰的东印度公司当过船长，在英国造船厂当过工人，还在普鲁士学过射击。他走访了所有能够走访的地方，工厂、学校、博物馆、军火库，甚至英国议会都留下了他的脚印。为了学习西方的文化、科学、工业及行政管理方法，他使出了浑身解数。

公元 1698 年，旅行归来的彼得大帝突然将迎接他的一位大臣的胡子剪掉，一场涉及经济、军事、社会生活各方面的改革在俄国展开。

一场礼仪制度的变革从彼得大帝剪掉大臣的胡子之时就开始了。彼得采取强制性手段，迫使俄国贵族接受西方习俗。彼得禁止贵族们下跪，后来又下令禁止穿俄罗斯长袍。彼得鼓励贵族学习西方人的嗜好，要他们头戴撒了香粉的假发，脚穿喇叭口的长筒靴，带着妻子儿女参加各种晚会、舞会、进行社交往来，等等。

对于礼仪制度的改革，历史留下了很多有趣的记载，比如，彼得大帝曾经在新落成的列福尔特宫邸举行过一次滑稽仪式——"醉鬼大会"。在盛宴上，彼得同宽袖长袍的传统服饰展开了第一次交锋。

当时，出席宴会的显贵都身着传统的俄罗斯服装：绣花衬衫、鲜艳的绸缎上衣、外罩长袍，手腕上紧系着绣花袖套。长袍上面又套着一件又长又大的天鹅绒无袖袍。从上到下扣着一大排纽扣。此外还有高耸的天鹅绒面的帽子。逢到天气暖和时，皮大衣便被换成了皮领大袍，这是一种用昂贵料子制作、长及脚跟的袍子，袖口肥大，带有四角可以折叠的领子。

彼得对这种碍手碍脚的锦衣绣服十分厌恶。在宴会上彼得动手了，他拿起剪刀就去剪他们的袖子。据当时目击者证实，他一边剪一边说道："长袖子这玩意儿实在碍事，到处闯祸，不是拂掉了玻璃杯，就是蹭到汤里去，剪下来的袖头缝双靴子满够。"

过了几个月，莫斯科人在克里姆林宫大门旁，在基塔城墙上，在秋多夫修道院附近，以及其他人烟稠密的地方，都读到了张贴的告示。为使告示不被撕掉，旁边站着卫兵。告示上写着沙皇的谕旨："兹规定莫斯科和其他城市居民均应着如下的服装：匈牙利式男长服不得长于吊袜带衔接处，内衣要短于外衣，如此类推……"

彼得非常重视军事，因此他的军事改革也是诸项改革当中较为彻底的。1700年，彼得下令废除射击军，实行义务兵役制，规定各阶层不分贵贱，服兵役一律平等。彼得在位期间，先后征兵53次，约有284000人被强征入伍。

为了提高军队干部的技术和指挥能力，彼得把大批贵族青年派往意、法、英、荷等国去学习军事，并以重金聘请外国人在俄国军队中担任要职。1721年，在俄国著名将领中，有14名是外籍人。同时，他在国内还开办了各种军事学校、技术学校和训练班，大力培养军事人才。

为了加强军队的组织性，提高战斗力，彼得一世亲自主持制定重要的军事条令和章程。1716年颁布了著名的《军事法规》。它总结了北方战争的经验，包含了队列和战术训练的基本原理，确定了军队的编制和组织原则。

1720～1722年，彼得大帝又陆续颁布了《海军章程》，对海上舰队的编制、战船的等级、海军官员相互之间的关系及他们的权利和义务都作了明确规定。

为保证军备供应，彼得大力发展工商业。他鼓励工业发展，给工场主许多优惠。在他统治下，手工工场发展到240个，新的工业部门也建立起来。为解决劳动力问题，他于1721年颁令准许商人将整个村庄连同农奴一起买去，让农奴一边种田一边做工。

他推行重商主义，鼓励出口，限制进口。为发展工商业，从国外招聘大量技术专家，允许他们在俄国办厂，并给他们以宗教宽容与司法特权。

地方行政机构的改革，早就引起彼得一世的注意。为了满足城市商人和手工业者的愿望，彼得于 1699 年下令，在莫斯科成立市政院（不久改为市政厅）。在其他城市建立地方自治署。

1720 年，彼得在新都彼得堡建立了市政总局，在其他城市成立了市政局。根据市政总局的规程，城市居民分为"正规"公民和"非正规"公民两大类。

为了巩固地方政权机构，1708 年 12 月 8 日彼得下令，把全国分成 8 个省，1714 年又增设 3 个省。各省设总督 1 人，拥有行政和军事大权。同时，各省还成立了参议会，其成员从地方贵族中选任。1719 年，在保留省的建制的同时，将全国划分为 50 个州，每个州都有一套完整的行政机构。

对于国家中央行政机构的改革，彼得一世予以特别的重视。1711 年 2 月 22 日，彼得下令建立参政院，取代原来的贵族杜马。新建立的参政院由 9 名参政员组成。参政院拥有很大权力，从国家中央机构到地方行政系统，从财政预算、贡赋征收到陆海军的编制，都属于参政院管辖范围。

参政院成立后，1718～1721 年间，又相继建立起 11 个院（分管陆军、海军、外交、税务、开支、矿务、手工业、商务、监察、领地、司法），以取代旧衙门机构。每个院由 10 名重要成员组成。重要问题不是由个人决定，而是采取投票的办法解决。

随着国家机构改革的完成，为了提高国家机构的工作效能，彼得一世政府于 1722 年 1 月 24 日，颁布了"官秩表"的法令。官秩表把全部文武官员分成 14 个等级：在文职方面，从 14 等文官到 1 等文官；在武职方面，从准尉和炮长直至大将、元帅。这是一种新的官员选拔制度，有利于刺激文武官员的上进心和积极性。

在此法令颁布之前，彼得一世还颁布了"一子继承法"，迫使众多贵族子弟去从商、从军、从学，去"自寻饭碗"，其目的除扩大国库收入外，还旨在保证文武官员的来源。

彼得还实行了宗教改革，以加强皇权。彼得一世不仅在军事、行政方面进行大刀阔斧的改革，而且不顾教会势力的反对，大胆地进行宗教改革。

1701 年，彼得一世政府下令将部分教会财产收归国有，主张由世俗官员来管理修道院的领地。彼得一世不仅限制教会经济实力的膨胀，而且还限制教会的权力；把教会完全置于国家的管辖之下，使教会成为国家机器的一部分。

1721 年，彼得颁布了关于宗教事务的管理条例，废除了总主教的职衔。政府根据管理世俗事务的委员会的形式，建立了管理教会的宗教委员会，以此取代总主教的权力。这个宗教委员会后来改名为宗教事务管理总局，总局长一职，从非宗教人士中挑选。宗教事务管理总局的局长及局内其他高级官员，像世俗官员一样，由沙皇政府任命。于是，沙皇被称为东正教的"最高牧首"。

为了加强皇权，彼得颁布了"皇位继承法"，革除了旧的皇位继承原则，沙皇可以自由选择自己的后继人。这些都对整饬政治，强化皇权，起到了不可低估的作用。

在文化教育事业方面，彼得也进行了大刀阔斧的改革。为了改变俄国文化教育的落后面貌，彼得一世指定各级政府直接管理教育，建立各种类型的学校。全俄各县普遍建立小学，对贵族子弟实行强化教育，派遣留学生到西欧各国学习。同时，彼得政府还通过各种途径，把西欧近代科学著作翻译介绍到俄国来。

彼得一世的改革是卓有成效的。随着时间推移，俄国的国力增强了，军力发展起来，最后在北方战争中打败了瑞典，夺取了波罗的海的控制权。

1721 年，俄国在《尼斯塔得和约》中得到了芬兰湾和里加湾沿岸的大片领土，获得了彼得一世梦寐以求的"通向西方的窗口"。俄国从偏远地区的一个穷国一跃成为欧洲一个强国。就在这一年，参政院给彼得一世以皇帝称号，莫斯科国改国号为俄罗斯帝国。

变革意义

彼得一世的改革巩固了专制统治，增强了俄国的经济、军事实力，使俄国一跃而为欧洲强国，为进一步对外扩张创造了条件。俄罗斯在彼得一世改革的基础上，最终从一个落后的内陆国家发展成为一个世界强国，甚至一度成为世界超级大国。这一切，大大改变了俄国和世界历史的面貌。

美国独立战争

变革掠影

【变革时间】1775～1783 年

【关键人物】华盛顿

【历史影响】美国独立战争不仅是人类历史上规模巨大的殖民地人民争取民族独立的斗争，还是一次资产阶级革命，为美国资本主义经济和文明的发展创造了有利的条件。

历史纵深

英国完成资产阶级革命之后，势力迅速膨胀，积极在海外拓展殖民地。17世纪初期，英国人开始在北美大西洋沿岸建立殖民地。一百多年后英国在北美的殖民地已有 13 个。这些殖民地的居民除英国移民和土著居民印第安人外，还有来自欧洲其他国家的人以及非洲来的黑人奴隶。每个殖民地都由英国派来的总督统治。这时的殖民地已经开发了大量的种植园，建立了纺织、冶铁、采矿等多种工业，经济比较繁荣。

到了 18 世纪中叶，英国开始通过战争的形式与法国争夺海上霸权和海外殖民地。在著名的"七年战争"中，法国终于在英国的重创下，拱手让出了大片的海外殖民地，英国的世界霸主地位得以确立。

英国虽然取得了"七年战争"的胜利，但是却消耗了大量的财力，不仅如此，英国忙于战争放松了对殖民地的统治，很多殖民地的工业因此建立了起来，尤其是北美大西洋沿岸的 13 块殖民地，这对英国构成了极大的威胁。

战争结束后，为了弥补庞大的军事开支，同时也为了限制殖民地经济的发展，英国开始一改以往的宽松政策，向殖民地颁布了很多苛刻的法令，如不允许殖民地发展制造业，只能以原料的形式供应英国的需求；不允许擅自出口和进口商品，除非从英国转口、征税。

为了继续与美洲印第安人的战争以及防范法国卷土重来，英国决定在北美建立一支 10000 人的军队，所需经费的 1/3 由北美殖民地承担。

为了搜刮殖民地的财富，1765 年，英国人又想出个新花样：印花税。他们规定，一切公文、契约合同，执照、报纸、杂志、广告、单据、遗嘱，都必须贴上印花税票，才能生效流通。

此时的北美大陆已今非昔比。随着时间的推移，13 个殖民地的人加强了交流与融合，并最终形成了新的民族——美利坚民族。英国种种行径终于激起美利坚人民极大的愤怒，于是，"自由之子"、"通讯委员会"等秘密反英组织相继出现，各地都发生了反英事件，抵制英货、赶走税吏、焚烧税票、武装反抗，等等。

这一切引起了英国政府的恐慌，他们立即派军队镇压。1770 年 3 月 5 日，英军在波士顿向手无寸铁的市民开枪，当场打死 5 名市民，打伤了 6 人，制造了震惊北美的"波士顿惨案"。反英的怒火在美利坚人民的心中燃烧，一场争取独立和自由的战火即将在北美大陆上燃烧起来。

此后，英国政府又于 1773 年颁布《茶税法》企图垄断北美的茶叶生意，他们给予英属东印度公司在北美倾销茶叶的专卖权。此举激起了殖民地人民的强烈反抗。12 月 16 日夜晚，"自由之子"的部分成员化装成印第安人后，登上三艘停泊在港口的英国运茶船，将船上 343 箱茶叶统统倒入大海。这就是有名的"波士顿倾茶"事件。

此时的英国却出台了更多的繁杂税款，并派军到 13 个殖民地驻扎，英国和北美殖民地之间的矛盾逐渐激化，忍无可忍的美利坚民族终于走上了武装反抗英国的道路，各地起义风起云涌，军火库也如雨后春笋般在各地建立了起来。1774 年 9 月，第一届大陆会议召开后，13 个殖民地开始联合抗英，革命形势日益成熟。

1775 年，英军探知在波士顿附近有军火库，于是前去搜寻。当英军到达列克星敦和康科德一带时遭到了当地民兵的突袭和阻截，这就是历史上著名的"列克星敦的枪声"，美国独立战争的序幕至此揭开。

美国独立战争战争可分为三个阶段。1775～1778 年为战争的第一阶段，为战略防御阶段，主战场在北部，英军占据优势。

战争开始后，英军主动进攻，企图迅速扑灭殖民地的革命烈火。其总的战略是：海军控制北美东部沿海，以陆军分别从加拿大和纽约南北对进，打通向普兰湖、哈得孙河谷一线，以孤立反英最坚决的新英格兰诸殖民地，然后将其他殖民地各个击破。大陆军因力量薄弱，除战争初期远征一次加拿大外，基本上处于守势，采取待机破敌，争取外援的方针。

1775 年 5 月，各殖民地民兵主动进攻，并围困波士顿。6 月 17 日，殖民地民兵在波士顿外围邦克山战斗中首战告捷，歼灭英军 1000 人。

就在这一年的 5 月，第二届大陆会议召开，华盛顿凭借出色的军事指挥才能被任命为大陆军总司令，指挥美军作战。

1776 年 3 月，威廉·豪指挥的英军被迫从波士顿撤至哈利法克斯待援。8 月底，威廉·豪率英军 3.2 万人，在海军舰队配合下进攻纽约。华盛顿率 1.9 万人与英军打阵地战，结果损失惨重，被迫于 11 月率余部 5000 人撤往新泽西，英军占领纽约。

当年圣诞节前夕和新年之夜，华盛顿利用英军疏于戒备之机，奇袭特伦顿和普林斯顿得手，俘敌近千人，士气大振。

华盛顿

1777 年夏，约翰·伯戈因率 7000 名英军从加拿大南下，企图与威廉·豪会师。但威廉·豪未按计划北上，反而率军 1.8 万人南下，于 9 月夺取了大陆会议的所在地费城。伯戈因孤军深入，行至萨拉托加地域时，遭到 1.2 万名大陆军和游击队的围攻，5000 名英军被迫于 10 月 17 日向美军投降。萨拉托加战役成了这场战争的转折点，促使法国、西班牙、荷兰先后对英宣战。

1778 年 2 月，法美签订军事同盟条约，法国正式承认美国。1778 年 6 月法英开战，西班牙也于 1779 年 6 月对英作战。俄国于 1780 年联合普鲁士、荷兰、丹麦、瑞典等国组成"武装中立同盟"，打破英国的海上封锁。1780 年 12

月荷兰进一步加入法国方面对英作战。欧洲各国革命民主人士发起援助美国独立战争的运动，大批志愿军远渡重洋，参加大陆军。

北美独立战争扩大为遍及欧、亚、美三大洲的国际性反英战争，英国陷入空前孤立的境地。形势的变化，迫使英军于1778年6月放弃费城，决心退守纽约。随之，北部战争便出现了僵持的局面。

1779～1781年为战争的第二阶段，以萨拉托加大捷为标志，进入战略相持阶段，主战场转到南部，美军以弱胜强。

英军新任统帅克林顿上任后，利用南部"效忠派"较多和靠近西印度群岛的有利条件，调兵遣将，决心将英军主力转移到南部，企图对美南部诸州各个击破，并依托沿海基地和纽约遏制北部。

北美大陆军则力图与法国陆海军配合，控制沿海基地，同时积极开展游击战，打破英军的计划。1778年底，英军攻取佐治亚州首府萨凡纳，揭开了在南方发动强大攻势的序幕。

1779年秋，南方美军司令林肯会同德斯坦指挥的法国舰队进攻南部英军主要基地萨凡纳，受挫。

1780年春，克林顿率领1.4万名英军对查尔斯顿实施陆、海两面包围，迫使林肯部5000人投降，并缴获军舰4艘，使美军遭受了整个战争中最大的一次损失。

事后，克林顿率英军一部回师纽约，留下康沃利斯指挥7000名英军控制南方陆地和沿海。这就为南部民兵游击队活动提供了方便。

大陆会议委派格林为南方美军司令，偕同摩根到南方开展游击战，先后于1781年1月和3月，在考彭斯和吉尔福德等地大胜英军，迫使英军从内地向沿海撤退。格林乘势挥师南下，在民兵游击队配合下，拔除英军据点，收复了除萨凡纳和吉尔斯顿之外的南部国土。

从1781年4月～1783年9月，为战争的第三阶段，战略反攻阶段。1781年8月，康沃利斯率7000名英军退守弗吉尼亚半岛顶端的约克敦。此时在整个北美战场的英军主要收缩于纽约和约克敦两点上。

1781年8月，华盛顿亲率法美联军秘密南下弗吉尼亚，与此同时，德格拉斯率领的法国舰队也抵达约克敦城外海面，击败了来援英舰，完全取得了战区制海权。

9月28日，1.7万名法美联军从陆海两面完成了对约克敦的包围。在联军炮火的猛烈轰击之下，康沃利斯走投无路，于1781年10月17日，即伯戈因投降的第四个周年纪念日，请求进行投降谈判。

10月19日，8000名英军走出约克敦，当服装整齐的红衫军走过衣衫褴褛的美军面前一一放下武器时，军乐队奏响了《地覆天翻，世界倒转过来了》的著名乐章。

约克敦战役后，除了海上尚有几次交战和陆上的零星战斗外，北美大陆战事已基本停止。1782年11月30日，英美签署《巴黎和约》草案，1783年9月3日，英国正式承认美国独立。13个殖民区成了美国最初的13个州。

变革意义

美国独立战争是可以和英国资产阶级革命相媲美的重大变革，其不仅仅是人类历史上规模巨大的殖民地人民争取民族独立的斗争，还是一次资产阶级革命。它推翻了英国的殖民统治，创造了美利坚合众国，同时又铲除了殖民时期封建残余的长子继承法、续嗣限定法和代役税，奴隶制契约也基本上废除。从而解放了生产力，为美国资本主义的发展开辟了宽广的道路。

此外，美国独立战争的胜利给其他殖民地国家的民族解放运动提供了经验和精神上的鼓舞。从此以后，各殖民地国家的人民为争取民族解放和独立，纷纷开始向殖民统治当局展开不屈不挠的斗争。

值得一提的是，启蒙运动的思想在战争中得到了验证，而战争中诞生的《独立宣言》第一次将人民主权以文件的形式确定下来。

不过，美国独立战争没有解决土地问题，也没有解决奴隶制问题，使得独立后的美国南北方朝着两种不同的经济道路发展，最终导致美国内战（南北战争）的爆发。

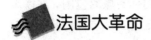 法国大革命

变革掠影

【变革时间】1789 年 7 月 ~ 1794 年 7 月

【关键人物】罗伯斯庇尔、马拉、拿破仑等

【历史影响】法国资产阶级革命是历史上一次较为深刻、彻底的革命。革命的胜利，为资本主义在法国彻底战胜封建主义铺平了道路，并有力地影响和推动了欧洲和世界各地的反封建斗争和民族独立运动。法国大革命宣扬的"自由、平等、博爱"原则和人权平等思想，在当时的世界得到了广泛的传播，有着巨大的进步性和革命性。

历史纵深

公元 18 世纪的法国，是欧洲典型的封建专制主义国家。全国居民被划分为三个等级。第一等级是僧侣，"以祷告为国王服务"。第二等级是贵族，"以宝剑为国王服务"。第三等级是占全部人口 99% 的农民、工人、贫民和资产阶级，"以财产为国王服务"。国王则坐在宝塔的顶端，拥有无上的权力。

而此时，资本主义在法国部分地区已相当发达，出现许多资本主义性质的手工工场，个别企业雇佣数千名工人，并拥有先进的设备。金融资本已经相当雄厚。资产阶级已成为经济上最富有的阶级，但在政治上仍处于无权地位。

农村绝大部分地区保留着封建土地所有制，并实行严格的封建等级制度。更为重要的是，封建的制度、种种苛捐杂税以及关卡林立，阻碍了国内统一市场的形成和资本主义经济的发展。

已经富裕起来的资产阶级日益不满，要求变革。以孟德斯鸠、伏尔泰、卢梭和狄德罗为代表的启蒙思想家宣传自由、平等是天赋的权利的思想，反对以"神"为中心的教会教义和封建主义，为法国资产阶级革命做了舆论准备。一场革命呼之欲出。

1787～1788 年，法国农业连续歉收，国家发生财政危机。为了要第三等级拿出钱来解决财政困难，国王路易十六（1754～1793 年）于 1789 年 5 月召开三级会议。路易十六企图向第三等级征收新税，限制新闻出版和民事刑法问题，并且下令不许讨论其他议题。但第三等级纷纷要求限制王权、实行改革。

6 月 17 日，第三等级代表宣布成立国民议会，国王无权否决国民议会的决议。于是路易十六关闭了国民议会，宣布它是非法的，其一切决议无效，命令三个等级的代表分别开会。

路易十六

7 月 9 日，国民议会宣布改称制宪议会，要求制定宪法，限制王权。路易十六意识到这危及了自己的统治，调集军队企图解散议会。

7 月 12 日，巴黎市民举行声势浩大的示威游行支持制宪议会。次日，巴黎教堂响起钟声，市民与来自德国和瑞士的国王雇佣军展开战斗，当天夜里就控制了巴黎的大部分地区，只剩下巴士底狱还在国王军队手里。巴士底狱是一座非常坚固的要塞。它是根据法国国王查理五世的命令，按照 12 世纪著名的军事城堡的样式建造起来的。当时的目的是防御英国人的进攻，所以就建在城前。后来，由于巴黎市区不断扩大，巴士底狱要塞成了市区东部的建筑，失去了防御外敌的作用。到 18 世纪末期，它成了控制巴黎的制高点和关押政治犯的监狱（当时一共关押了 7 名囚犯）。7 月 14 日，巴黎人民攻占了巴士底狱，并释放了 7 名被关押的囚犯。

攻占巴士底狱成了全国革命的信号。各个城市纷纷仿效巴黎人民，武装起来夺取市政管理权，建立了国民自卫军。在农村，到处都有农民攻打领主庄园，烧毁地契。

资产阶级代表在起义中夺取巴黎市府政权，建立了国民自卫军。国王不得

巴士底狱

不表示屈服，承认了制宪议会的合法地位。此时制宪议会实际上成为最高国家权力机关。在议会中君主立宪派起主要作用。

制宪议会通过法令，宣布废除封建制度，取消教会和贵族的特权，规定以赎买方式废除封建贡赋。8月26日通过《人权宣言》，宣布"人们生来而且始终是自由平等的"。

1789年10月，国王再次筹划利用雇佣军推翻制宪议会失败后，王室被迫从凡尔赛宫迁到巴黎，制宪议会也随之迁来。巴黎出现一批革命团体，其中雅各宾俱乐部、科德利埃俱乐部在革命中发挥了巨大作用。

1790年6月，制宪议会废除了亲王、世袭贵族、封爵头衔，并且重新划分政区。成立了大理院、最高法院，并建立了陪审制度。制宪议会还没收教会财产，宣布法国教会脱离罗马教皇统治而归国家管理，实现政教分离。

1791年6月20日，路易十六乔装出逃失败，部分激进领袖和民众要求废除王政，实行共和，但君主立宪派则主张维持现状，保留王政。7月16日君主立宪派从雅各宾派中分裂出去，另组斐扬俱乐部。

9月，制宪议会制定了一部以"一切政权由全民产生"、三权分立的宪法，规定行政权属于国王、立法权属于立法会议，司法权属各级法院。9月30日，制宪议会解散，10月1日立法议会召开。法国成为君主立宪制国家。

法国大革命引起周边国家不安，普鲁士、奥地利成立联军攻打法国。由于路易十六的王后、奥地利皇帝的妹妹玛丽·安托瓦内特泄露军事机密给联军，使法国军队被打败，联军攻入法国。

1792年7月11日，立法议会宣布祖国处于危机中。以无套裤汉为主体的巴黎人民再次掀起共和运动的高潮。无套裤汉是对城市平民的称呼。当时法国贵族男子盛行穿紧身短套裤，膝盖以下穿长筒袜；平民则穿长裤，无套裤，故有无套裤汉之称。无套裤汉原是贵族对平民的讥称，但不久成为革命者的同义语。无套裤汉的主要成分是小手工业者、小商贩、小店主和其他劳动群众，也包括一些富人。

雅各宾派领袖罗伯斯庇尔、马拉、丹东领导反君主制运动，于8月10日攻占国王住宅杜伊勒里宫，拘禁了国王、王后，打倒了波旁王朝，推翻了立宪派的统治。

在8月10日的起义之后，吉伦特派取得了政权，迫使立法会议废除1791年宪法，国王退位，实行普选制。同时，法国军队和各地组织的义勇军在9月20日的瓦尔米战役打败外国联军。

9月21日，由普选产生的国民公会开幕。9月22日成立了法兰西第一共和国。1793年1月21日，国民公会经过审判以叛国罪处死路易十六。

吉伦特派当政以后，把主要力量用于反对雅各宾派和巴黎无套裤汉。从1792年秋季起，人们不满他们的温和政策，要求打击投机商人和限制物价。以愤激派为代表的平民革命家要求严惩投机商，全面限定生活必需品价格。而吉伦特派却颁布法令镇压运动。

与此同时，法国军队在1792年10月后已经打到了国外。欧洲各国非常害怕，在1793年2月，普鲁士、奥地利、西班牙、荷兰、萨丁、汉诺威、英国成立了反法同盟，对法国进行武装干涉。吉伦特派无力抵抗外国军队，巴黎人民于5月31日~6月2日发动第三次起义，推翻吉伦特派的统治，建立起雅各宾专政。

雅各宾派专政后，平定了被推翻的吉伦特派在许多地区煽起的武装叛乱。6月3日~7月17日颁布3个土地法令，使大批农民得到土地。6月24日公布1793年宪法，这是法国第一部共和制的民主宪法，但是由于战争未能实施。

7月，雅各宾派改组并加强作为临时政府机关的救国委员会，并把投机商人处决。10月底，他们把吉伦特派及其支持者斩首，包括布里索、罗兰夫人、科黛，美国革命家托马斯·潘恩也被捕入狱。1793年底到1794年初，法国军队将外国干涉军全部赶出了法国国土，国内的叛乱也基本平息。

1794 年 3 ～4 月雅各宾内部开始了激烈的斗争。马拉被暗杀，罗伯斯庇尔以搞阴谋的罪名处死了雅各宾派中与他政见不和的丹东、埃贝尔等人，使雅各宾派趋于孤立，人民也开始反对恐怖政策。

7 月，国民公会中反罗伯斯庇尔独裁的力量组成热月党，于 7 月 27 日（法国新历共和二年热月 9 日）发动热月政变推翻罗伯斯庇尔政权并将他斩首。

热月党人于 10 月解散国民公会，成立新的政府机构督政府。恐怖时期结束，但政局仍然不稳。1796 ～1797 年，督政府派拿破仑·波拿巴远征意大利取得重大胜利，军人势力开始抬头。1797 年立法机构选举时，许多王党分子当选。督政府为打击王党势力，宣布选举无效。1798 年立法机构选举时雅各宾派的残余势力大批当选，督政府再次宣布选举无效。这种政策历史上称为"秋千政策"。

1799 年，英国等国又组成了第二次反法联盟，以西哀士为首的右翼势力要求借助军人力量控制局面。11 月 9 日（共和八年雾月 18 日），拿破仑·波拿巴发动雾月政变，结束了督政府的统治，建立起临时执政府，自任执政官。法国大革命匆匆收场。

变革意义

法国大革命是世界近代史上规模最大的资产阶级革命，它摧毁了法国的封建专制制度，震撼了整个欧洲大陆的封建秩序，建立起资产阶级的政治统治，促进了资本主义经济的发展，传播了资本主义自由民主的进步思想。这次革命也为此后的各国革命树立了榜样，因此具有世界意义。

法国大革命期间所颁布的《人权宣言》和拿破仑帝国时期颁布的《民法典》（后改名《拿破仑法典》）在世界历史上产生了深远的影响。法国大革命宣扬的"自由、平等、博爱"原则和人权平等思想，在当时的世界得到了广泛的传播，有着巨大的进步性和革命性。

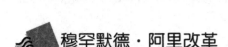

穆罕默德·阿里改革

变革掠影

【**变革时间**】1805～1840 年

【**关键人物**】穆罕默德·阿里

【**历史影响**】穆罕默德·阿里的改革结束了埃及长期分裂的状态，统一了埃及，遏制了西方殖民主义的入侵，使得埃及发展为地中海东部的一个强国。改革虽然在列强的干预下最后失败了，但埃及在政治上作为一个独立的实体已经成了不容改变的事实。

历史纵深

16 世纪之后，西欧在科技、军事等方面取得了一系列的突破，逐渐成了引领世界文明前进的主导力量。在西欧文明的扩张浪潮中，亚非众多有着悠久历史的文明的应对方式大致可分为三类：一种是西欧文明的威胁到来之前，主动实行变革，积极赶上潮流，俄国的彼得一世改革就属于这种类型；另一种是在西欧文明的入侵中，面对坚船利炮不得已接受对方的改造，被动地融入到以西方文明为主导的世界秩序中，大多数亚非国家属于这种类型；还有一种是在刚刚受到威胁之时，便审时度势，主动实行变革，日本的明治维新和埃及的穆罕默德·阿里改革都属于这种类型。

埃及在 1517 年起成为奥斯曼土耳其帝国的一部分，但实际上保持半独立的状态，由马穆鲁支（意为奴隶，早先从希腊、高加索等地招募而来，后来掌握了埃及的军政大权）统治。马穆鲁支实行落后的包税制，即马穆鲁支只需要向奥斯曼帝国上交一定数额的租金，就可以在各自的统治区内保留其他的税收收入。为争权夺利，各派马穆鲁支之间混战不息。

到了 18 世纪，埃及进入了历史上最黑暗的时期，平均每十年就要发生一次大规模内战。肥沃的尼罗河三角洲竟有三分之一的土地荒弃了，农产品产值只有古代的四分之一，人口竟萎缩到 10 世纪的一半，曾经的国际化港口城市亚历山大也沦落为一个普通的小城镇。

随着国际新航路的开辟，强大起来的欧洲各国认识到了埃及沟通大西洋和印度洋的战略地位的重要性。1797 年，拿破仑大军进入埃及，激战正酣之时，埃及的宗主国奥斯曼土耳其及其盟国都出兵埃及，法国被迫撤兵。战后的埃及形势更加错综复杂，英军、土军和埃及本土的马穆鲁支都在争夺领导权。在各派的争夺之中，穆罕默德·阿里赢得了最后的胜利。

穆罕默德·阿里是阿尔巴尼亚人，童年时曾随父经商游历各地，少年时失去双亲，未成年便参军，后娶富孀为妻，利用其财力崭露头角。1801 年，土耳其出兵埃及，阿里应征入伍，阿尔巴尼亚军团是土军的主力，阿里以其能征善战、足智多谋逐渐晋升为军团的高级将领。

1801 年，法军撤走后，马穆鲁支头领、英国扶植的代理人，以及土军中的阿尔巴尼亚军团和近卫军两派都在争夺埃及的统治权，一时间又杀声四起，各地的统治者变化频繁。经过三年的厮杀，一批实权人物先后死于非命，穆罕默德·阿里上升为最有势力的人物，他利用埃及民众先后逐走了马穆鲁支头领巴尔底西和土耳其苏丹派来的总督，终于在 1805 年的长老立法会议上被拥立为埃及新总督，土耳其苏丹也被迫承认了这一既成事实。

穆罕默德·阿里的改革从他上台就开始了。在执政（1805～1848 年）的大部分时间内，为建立一个以埃及为中心的阿拉伯人主权国家，他以富国强兵为总方针，在政治、经济、军事、文化等领域进行了自上而下的全面改革。

在政治上，他首先设计聚歼地方割据势力马穆鲁支军团大小头领。1811 年 3 月 1 日，经过精心策划，穆罕默德·阿里以委任他的第二个儿子图松领兵出征攻打瓦哈比人为名，邀请开罗附近的马穆鲁支大小头领及其随从 470 人前往萨拉丁城堡出席宴会。

平素骄横惯了的马穆鲁支头领根本不会想到阿里敢把他们怎么样，因此他们只带着少数侍从，骑着马，肆无忌惮地前来赴宴。宴会结束后早有准备的穆罕默德·阿里立即对疏于防范的马穆鲁支首领发动突然袭击。通向大门有一道石头垒成的高墙，前面是狭窄的下坡石阶小道，当马穆鲁支们经过此处时，阿里军队突然从高墙上推下无数大石头，把他们砸得抱头鼠窜，死的死，伤的伤，与此同时，密集的子弹又雨点般毫不留情地飞过来，结果只有一个人漏网，其余的全部被歼。这就是埃及历史上著名的萨拉丁堡屠杀事件。

紧接着，穆罕默德·阿里在全国展开大搜捕，一共消灭了一千多人，残余分子或仓皇逃窜各地，或就地宣誓效忠阿里。至此，统治埃及达500年之久的马穆鲁支作为一股政治势力不复存在，他们的包税领地被收归国有。

此后，阿里又肃清了马穆鲁支的残余势力，使长期分裂的埃及社会复归统一，继而推行一整套严密的统治体系，确立和加强了埃及的中央集权制。

在经济上，他倡导独立自主，全面发展工农业生产和国内外贸易。在农业方面，实行土地制度改革；改革赋税制度，废除包税制和清真寺宗教地产的免税权；大力兴修水利，扩大耕地面积，革新农业技术，鼓励发展优质棉花等经济作物的生产。

在工业方面，创办以军事工业为主的埃及第一批近代机器工业，兴建官办纺织、造船、军火等工厂，积极发展与国计民生有关的民用工业和农副产品加工工业；允许少量企业由私人资本家经营，限制外商投资；倡导洋为己用，引进西方先进设备进行仿制，聘请外国技师培训本国技术力量。

在贸易方面，利用行政手段向人民销售本国产品，豁免出口税以鼓励本国商品的出口；用本国铸造的货币取代土耳其货币，并确定本国与其他国家之间的货币比值，以稳定物价；在全国实行商业垄断，产品由国家专门机构统购统销，在国外开设商馆经办进出口贸易。

在军事上，阿里废除了传统的雇佣兵制度，实行征兵制；按照欧洲方式改组陆军，聘用西方军事专家训练新军；大力发展海军事业，建立地中海舰队和红海舰队；创办军官学校以及步兵、炮兵等各种学校。到1839年，埃及已拥有23万陆军、2万海军，成为中近东地区一支最强大的武装力量。

在文化教育上，他倡导以世俗教育取代伊斯兰宗教教育。他奖励学术，创立教育部和教育委员会，创办世俗学校，普及中小学教育；采取建立各种技术专科学校、聘请外国专家讲课、派遣大批留学生去欧洲学习等措施，培养和造就出埃及第一代新型的知识分子。重视翻译出版事业，开办外语学校，培养翻译人员，组织力量把大批外国军事和科技书籍译成阿拉伯文和土耳其文；创办印刷厂，出版、发行阿拉伯、波斯和土耳其等各种文字的书籍，出版埃及第一份报纸《埃及战役报》。

阿里的改革涉及的范围十分广泛，持续的时间也较长，从 1805 年延续到 1840 年，使埃及在多方面发生了质变。埃及遏制了西方殖民主义的入侵，发展为地中海东部的强国，成为"奥斯曼帝国的唯一有生命力部分"，他因此被誉为"现代埃及之父"和"唯一能用真正的头脑之人"。

但军人出身的阿里血液中始终流淌着一种好战、崇尚大帝国的因素，这种因素为阿里带来了一系列的荣誉，但也最终引来了灭顶之灾。1811 年，阿里出兵镇压阿拉伯半岛上的瓦哈比派，后来又迫使苏丹臣服。埃及的国力军力实际上已超过了其宗主国土耳其。埃及帮助土耳其镇压希腊革命，但土耳其却不愿意履行将叙利亚和克里特岛让出的诺言，于是引发了土埃战争。第一次土埃战争阿里大获全胜。1833 年前后是他和他的国家达到全盛的时期，埃及俨然已是一个地跨亚非的帝国。阿里甚至萌生了建立一个包含所有讲阿拉伯语地区在内的新阿拉伯帝国的计划。然而，国际秩序中的既得利益者联手打碎了这个美好的梦想。

英国不容许在如此重要的战略位置上出现一个同它匹敌的强国，便同土耳其联合起来，发动了第二次土埃战争。面对工业革命阶段飞速发展的英国，埃及终究不是对手。1840 年在西亚战场全面溃败，第二年英军在亚历山大登陆成功。以往阿里曾凭借民众的力量屡屡击败敌手，但连年的战争已使他失去民众的支持，无力抵抗英军的阿里被迫接受了屈辱的和约，出让西亚和利比亚所有的土地，只保留埃及和苏丹，海军全部交给英国，陆军只保留十分之一。

至此，穆罕默德·阿里的改革在各列强的干预下失败了，他个人也积郁成疾，精神错乱，直至 1849 年去世。从 1841 年起，阿里不得不让他的长子易卜拉欣摄政。

战败后的埃及逐渐沦为半殖民地，工商业大为衰退，被英法控制。但穆罕默德·阿里启动的埃及近代化进程毕竟已难以阻止。更重要的是，埃及由此成为阿拉伯世界中接受西方思想和先进技术的桥头堡。19 世纪后半期的阿拉伯进步分子大多以埃及为活动基地。

变革意义

穆罕默德·阿里的改革在政治上结束了埃及长期动乱、分裂、割据局面，确立了统一的中央集权国家体制；经济上推进了近代化进程，提高了生产力，发展了农业、商业，建立了近代工厂，使长期停滞的埃及社会焕发了生机活力，工农业生产迅速发展。这些都为埃及的经济独立、制止西方资本的大规模渗透奠定了较坚实的基础，客观上促进了埃及资本主义的发展，推动了埃及历史的进步。

与此同时，改革还使得埃及的经济、军事实力得到了增强，壮大了国力，使之成为维护独立主权的坚强后盾。这就使埃及实际上摆脱了奥斯曼帝国的统治，推迟了欧洲列强侵占埃及的进程。另外，改革还在文化上引进了西方资本主义的科学技术和思想文化，促进了文化繁荣。

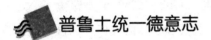
普鲁士统一德意志

变革掠影

【变革时间】1861～1871 年

【关键人物】威廉一世、俾斯麦

【历史影响】普鲁士统一德意志之后，建立了德意志帝国，扫清了资本主义发展的障碍，使德国迅速崛起，成为了欧洲的经济、军事、政治大国，代替了法国在欧洲的霸主地位，并极大地影响了世界历史的进程。

历史纵深

在中世纪的欧洲，神圣罗马帝国曾盛极一时。公元 962 年，德意志国王、萨克森王朝的奥托一世在罗马由教皇约翰十二世（公元 962～973 年在位）加冕称帝，成为罗马的监护人和罗马天主教世界的最高统治者。

从 1157 年起，帝国被称为神圣罗马帝国，帝国极盛时期的疆域包括近代的德意志、奥地利、意大利北部和中部、捷克、斯洛伐克、法国东部、荷兰、比利时、卢森堡和瑞士。公元 1806 年，拿破仑一世灭亡了神圣罗马帝国。

拿破仑帝国覆灭之后，德意志坚持恢复神圣罗马帝国的称呼。在 1814 年 9 月 18 日到 1815 年 6 月 9 日召开的维也纳会议上，经过针锋相对和讨价还价后，德意志虽然没有能够恢复帝国，却将之前的三百余邦国合并成立了联邦，但是各邦国仍旧保有自己的独立权。普鲁士和奥地利是所有城邦中实力最强的两个国家，他们一直为争夺在联邦中的主导权而摩擦不断。

铁血宰相俾斯麦

普鲁士人勾勒了一幅以自己为主体来统一德意志的宏伟蓝图，但是在奥地利的操纵下，这只能是伟大而难以实施的构想，因而被搁浅了。但是普鲁士人并没有因此放弃。

1861 年，改变整个德意志联邦命运的威廉一世（1797～1888 年）即位了。之后，统一德意志联邦的宏伟目标再次被提上了议事日程。为了实现这个宏大的目标，威廉即位之后在"强权就是真理"的信念支持下，力排议会的反对意见，以增强普鲁士的军事力量为己任，增加了预算大肆扩充军备，同时任命具有军事魄力和才能的俾斯麦（1815～1898 年）出任首相，积极地筹备统一战争。

俾斯麦出身于普鲁士勃兰登堡阿尔特马克雪恩豪森庄园的贵族世家。俾斯麦受过良好教育，曾经在哥廷根大学和柏林大学学习法律、历史和外语。大学期间，他曾与同学作过 27 次决斗。毕业后服兵役。俾斯麦体格强壮、个性粗野，为了追求目标可以不择手段，持现实主义态度。

1839 年以后，俾斯麦回到自己的领地，经营庄园经济，采用新的耕作方法，改进农具，作物轮种，进行商品生产。1847 年俾斯麦成为普鲁士议会议员，1851～1858 年被任命为普鲁士邦驻德意志联邦代表会的代表，1859 年任驻俄公使，1861 年改任驻法公使。

1862 年 6 月，威廉一世任命俾斯麦为普鲁士的宰相兼外交大臣。同年 9 月，在普鲁士议会的首次演说中，俾斯麦大声宣称："德意志所注意的不是普鲁士的自由主义，而是权力。普鲁士必须积聚自己的力量以待有利时机，这样的时机我们已经错过了好几次。当代的重大问题不是议论和多数人投票能够解决的，有时候不可避免地要通过一场斗争来解决，一场铁与血的斗争。"

俾斯麦的"铁和血"，是他统一德国的纲领和信条，他的"铁血宰相"的别称也由此产生。俾斯麦正是凭靠这种暴力，大胆而又狡猾地利用国际纠纷和有利时机，决定性地使德国通过"自上而下"的道路统一起来。

丹麦作为德意志的北邻，经常插手德意志的事务，因此俾斯麦上台后的第一件事情就是要解决丹麦。在 1861 年，丹麦国王欲接管普丹边境石勒苏益格和荷尔斯泰因两地，俾斯麦立即以此制造争端。他首先确保如果普丹开战，其他列强不会干涉，并与奥地利结盟共同攻打丹麦，最后逼使丹麦放弃这两个州。在 1864 年 10 月 30 日签订的《维也纳条约》中，规定丹麦放弃两地。而于 1865 年 8 月 14 日普、奥两国达成《加斯坦因专约》，将石勒苏益格划归普鲁士统治，荷尔斯泰因则归属奥地利。

但是这其实是俾斯麦处心积虑的阴谋，因为奥地利所得的荷尔斯泰因不但面积狭小，而且被普鲁士包围。这样奥地利很容易便会与普鲁士发生冲突，因此这是一条将奥地利推向与普鲁士发生战争的导火线。

在普丹战争后，俾斯麦决定要将奥地利赶出德意志邦联，以利于将来德国的统一。因此，他着手孤立奥地利，首先俾斯麦答允协助俄国取消《黑海中立条款》，并与法皇拿破仑三世会晤，表示普鲁士不反对把卢森堡及莱茵河区让给法国，以此确保法国在普奥战争中保持中立。而英国当时继续实行"光荣孤立"的政策，因此在普奥发生冲突时会保持中立。

最后，俾斯麦在 1866 年 4 月 8 日，与意大利签订攻守同盟条约，规定如果普鲁士在 3 个月内与奥开战，意大利则必须同时对奥宣战，只有在奥地利归还威尼斯于意大利的情况下，方可与奥讲和。俾斯麦与奥地利签订了"不割地，不赔款"的条约。奥地利退出了德意志邦联，以普鲁士为首，北德意志 24 个邦国和 3 个自由市缔结同盟协定，组成"北德意志联邦"。

不久，奥皇因为不满意《加斯坦因专约》的条款，要求用普鲁士最富庶的工业区西里西亚交换荷尔斯泰因，因此俾斯麦以此借口，指责奥地利毁约。结果在 1866 年 5 月，威廉一世下令全国总动员，并于同年 6 月对奥宣战。意大利亦依据攻守同盟条约，同时对奥宣战。不久，普鲁士便征服北德的亲奥小邦，并于 1866 年 7 月 3 日在萨多瓦打败奥军。

这时俾斯麦决定与奥讲和，而不是乘胜追击，因为他明白消灭奥地利并不是其首要目标，最重要的是要统一德国。因此他在该年 8 月 23 日签订的《布拉格条约》中给予奥地利极为宽容的讲和条件，以便于保持对奥的良好的关系。

普奥战争结束后，妨碍德国统一的就只剩下在背后控制着南德诸邦的法国了。1870 年 7 月 19 日，在俾斯麦的挑动下，法国向德国宣战。拿破仑三世吹嘘说，这只是一次"到柏林的军事散步"。但他碰到的已不是昔日的普鲁士，而是一个比较强大的、坚决反对分裂的德意志民族。

1870 年 9 月 2 日，德军在色当战役取得对法国的决定性胜利，生俘了拿破仑三世。至此，统一南德的障碍已除，德国的民族战争的任务已经完成。俾斯麦驱兵直入巴黎。南德意志四个邦加入德意志联邦。同时，普鲁士还从法国取得阿尔萨斯和洛林两地。

1871 年 1 月 18 日，俾斯麦在凡尔赛宫宣告了德国的统一，成立了德意志帝国。俾斯麦也同时出任德意志帝国的宰相。

变革意义

德意志完成统一不但是德意志历史上的一件大事，也是世界历史上的一件大事。它结束了德意志封建割据的局面，建立了统一的德意志民族国家，促进了德国资本主义的发展。

工业革命的进行，推动了生产力的迅速发展，可是德国的分裂状态却成为资本主义经济发展的严重阻碍。一批商品从柏林到瑞士，中途要经过 10 个国家，兑换 10 次货币，缴纳 10 次关税，单单关税的数额就已经超过了货物本身的价值。没有统一的国内市场，商品难以流通，另外，经济的发展也需要强大的国家作后盾，开拓海外殖民地，为本国提供廉价的原料产地和广阔的世界市场，提高本国产品的竞争力。德国的统一，为德国经济的发展扫清了障碍，促进了资本主义的发展。

德国统一以后，颁布了1871年宪法，建立起了资本主义的君主立宪制度，从而使德国开始走上资本主义道路，为近代民主政治在德意志的最终形成奠定了基础。从某种意义上说，德意志帝国统一也是一场推动社会转型的政治革命，有利于德国社会的进步。

德意志的统一改变了欧洲乃至世界的政治格局。本来法国是欧洲大陆上最强大的国家，曾多次试图称霸欧洲大陆。德国统一以后，经济发展迅速，成为欧洲强国，打破了法国独霸的局面，出现了两强并立，欧洲的政治格局被改变。在第二次工业革命的推动下，德国也很快步入帝国主义阶段，经济实力跃居欧洲第一、世界第二，仅次于美国，极大地影响了世界格局的变化。

不过，德意志的统一及其改革是不彻底的，保留了专制主义和军国主义传统。正是这种专制主义和军国主义传统，加上其实力的不断增长，使它成为两次世界大战的挑起者，给世界人民带来巨大灾难。

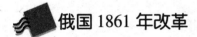

俄国1861年改革

变革掠影

【变革时间】1861年

【关键人物】亚历山大二世、奥加廖夫、车尔尼雪夫斯基等

【历史影响】俄国1861年改革是一次自上而下的变革，它成为俄国历史的转折点。改革的主要成效就是废除了农奴制，这不仅为资本主义经济提供了充足的劳动力，还扩大了市场的消费能力，为资本主义经济的发展扫清了障碍。改革中确立的一些制度，如杜马制度至今仍在俄罗斯实行。

历史纵深

在历史上，奴隶被称为"会说话的工具"，过着牛马不如的生活。农奴比

奴隶的处境要好一些，他们虽然去掉了脚上的铁链，但人身依附关系仍使他们过着悲惨的生活。1861 年，沙皇亚历山大二世（1818 ~ 1881 年）被迫废除了农奴制。它成了俄国历史发展的转折点，标志着俄国的历史由封建社会向资本主义社会的转变。

俄国农奴制的解体，首先是由于社会生产力发展的推动。俄国于 19 世纪 30 年代开始工业革命，资本主义机器生产开始代替手工劳动。

交通运输在工业革命过程中发生了巨大的变化。19 世纪 30 ~ 40 年

沙皇亚历山大二世

代，在伏尔加河开辟了定期的汽船航线。到 19 世纪 50 年代初，从彼得堡到莫斯科长达 600 千米的铁路已建成。

在农业生产方面，生产技术和生产方式也逐渐得到一些改进，少数地区已采用打谷机、播种机等简单机器。土地耕作也有了改进，少量耕地开始从落后的三圃制改为轮作制。19 世纪 30 ~ 50 年代成立了许多研究农业发展的农业协会，还出版了有关农艺的刊物。

工农业生产的发展，推动了市场的发展。19 世纪中期，全国约有 4300 个集市，贸易总额每年达 2.3 亿卢布，比 19 世纪初增加了 3 倍多。在国外销售的商品粮占产量的 20%。

随着生产力的发展，资本主义生产关系已从俄国的封建社会内部逐渐发展起来。19 世纪中期，全部实行机器生产的棉纺织业工人中，几乎都是自由雇佣劳动者。1825 年后的 25 年中，加工制造业部门自由雇佣工人的数目增长了 2.7 倍，至 1860 年达 43 万人，占这一部门工人总数的 87%。俄国的工厂到 1858 年增加到 12256 个，比 1815 年增加了近两倍。工人人数由 1804 年的 224882 人增至 1860 年的 859950 人，其中雇佣工人占 61.4%。在农业中，土

地买卖、租佃以及使用雇佣劳动力的现象也越来越多。

社会生产力和资本主义生产关系的发展，与封建的农奴制之间的矛盾日益尖锐。当时，大部分可耕地仍然被地主和国家占有，封建土地所有制限制着商品货币关系的发展和资本主义农业土地面积的扩大。

更为重要的是，在农奴制下的农奴对地主的人身依附关系，妨碍着自由劳动力市场的发展。农奴制也妨碍了机器在农业上的应用。

封建农奴制已经成为俄国社会生产力发展的严重障碍，使得俄国工业发展水平大大落后。18世纪俄国的农业生产产量名列欧洲前列，到19世纪中期则落后于西欧。

其次，俄国农奴制的解体，也是社会阶级斗争的推动。在封建农奴制下，农奴受到残酷的剥削和压迫。农民的生活也很艰苦，死亡率极高。农奴和农民反封建的斗争日益增长，据不完全统计，1826～1854年间，共发生709次农民暴动，暴动次数逐年增长。在工场中，也爆发了多次农奴工人运动。激烈的阶级斗争冲击着俄国封建专制的基础。

农奴制的危机，使统治阶级不能照旧统治下去了。当时资产阶级化的贵族地主，希望迅速改变农奴制。一些社会舆论代表了他们的利益，反映了他们的要求。莫斯科政论家麦列贡诺夫在其对农奴制改革的必要性的评论中写道："我们需要自由，自由！只有自由才是我们所祈求的。"

法学家契切林主张逐渐消灭农奴制，实现信仰、言论和出版自由，改革司法机关。个别高级官吏也对沙皇政府表示不满，他们高呼："智慧需要自由！"

沙皇亚历山大二世为了维护贵族地主的利益和保存摇摇欲坠的封建地主政权，被迫进行了自上而下的农奴制改革。他于1856年3月30日在召见莫斯科贵族时承认，对农奴制"从上面解决要比从下面解决好些"。

沙皇亚历山大二世于1857年11月20日向维尔纳省总督纳齐莫夫发布诏书，这一诏书发给了各省长，并在报纸上公布，它是政府初步改革农奴制的纲领。这个诏书阐述了要在不触动封建的生产关系下，进行极为有限的改革。

农民以暴动来回答沙皇的诏书，革命民主派公开抨击沙皇政府的改革方案，并提出自己的方案。奥加廖夫提出"全俄新机构纲领"，要求立即废除地主和国家对人身和土地所享有的一切特权，将土地无偿地分给农民。车尔尼雪

车尔尼雪夫斯基

夫斯基也在《现代人》上刊登了《论农村生活的新条件》文章，提出一个与沙皇诏书对立的纲领。

沙皇亚历山大二世于 1858 年 10 月 18 日，被迫在农民事务委员会上作了新的指示。农民事务委员会根据新的指示，通过了新的纲领。这一纲领的主要内容是：农民取得人身自由，列入农村自由等级；农民组成村庄，村庄的管理机构由村庄选举产生；地主同村庄联系，不同农民个人联系；保证农民长期使用份地外，应使之能够购买该份地为私产，政府可采用组织信贷办法帮助农民。这个纲领与前一个诏书相比，作出一些改革让步。后来经过修改后，又经国务会议审批和沙皇亚历山大二世签字，于 1859 年 2 月 19 日开始生效。

同时，沙皇还签署了关于废除农奴制的《1861 年 2 月 19 日宣言》《关于脱离农奴依附关系的农民的一般法令》《关于脱离农奴依附关系的农民赎买其他园地、及政府协助这些农民把耕地购为私有的法令》《关于省和县处理农民事务的机构的法令》《关于安顿脱离农奴依附关系的家奴的法令》以及关于解决不同地区关系的《地方法令》和关于各种农奴工人的《补充法令》等 17 个文件，这就是著名的 2 月 19 日法令。史称这次改革为"1861 年改革"。

这次改革，虽然保留了封建农奴制的残余，但它还是进行了一次具有资产阶级性质的自上而下的农奴制改革。通过改革，俄国的封建农奴制被资本主义制度代替，俄国的历史开始向资本主义转变。正如列宁所说："如果总的看一看 1861 年俄国国家全部结构的改变，那就必然会承认，这种改变是封建君主制向资产阶级君主制转变的道路上的一步。这不仅从经济观点来看是正确的，而且从政治观点来看也是正确的。只要回忆一下法院方面、管理方面、地方自治方面的改革的性质，以及 1861 年农民改革后所发生的各种类似的改革的性质，就一定会相信这种论断是正确的。"

从 19 世纪 60 年代起，俄国大工业生产急剧增长，农业经济也纳入资本主义轨道。这一时期生产力的发展，主要表现为大机器工业和蒸汽动力的增长。19 世纪 80 年代的俄国在主要工业部门，机器生产逐渐代替了手工劳动。1860 ~ 1900 年，共建成 5 万千米的铁路线。俄国工业产量增加了 6 倍。在 19 世纪后半期，俄国形成了一些新的工业中心。工业的发展引起了对农业原料和商品粮食需要的增长，农业经济也日益走上资本主义道路。

生产关系方面的改革也推动了上层建筑的变化。19 世纪 60 年代至 70 年代，俄国政治制度、司法制度以及教育制度和军事制度方面的变化，是农奴制改革和资本主义经济发展的必然结果。1864 年地方自治改革，规定省县自治局是地方管理机关，负责处理与农村居民有关的地方性事务。地方自治局在农民中间还展开了国民教育、卫生保健和普及农业知识、修建道路、开设银行等活动。

1864 年改革了司法制度，产生新的司法制度，根据西方资产阶级法律原则，制定了新的司法条例，使俄国司法机关资产阶级化。

1874 年，对军事制度也作了改革，用普遍兵役制代替募兵制。此外，国民教育、财政、书报检查制度等也都进行了改革。这些都是农奴制的改革引起上层建筑的变化。

亚历山大二世还创立了国家杜马制度，直到今天俄罗斯仍然存在着国家杜马制度。"杜马"一词，意为"议会"，今天俄罗斯国家"杜马"的称呼是从旧俄国套用过来的。

然而，俄国农奴制的改革是不彻底的。这次改革仍然浓厚地保留了农奴制的残余。它既没有改变封建专制政权的阶级实质，也没有改变地主土地占有制，贵族地主继续掌握着国家政权，照旧控制着大量土地；它没有彻底解决农民的土地问题。相反，有的土地被地主割去了 1/5 以上，有些省份甚至达 40% 以上；工役制农奴经济还占有相当比重，缺地的农民被迫以最苛刻的条件向地主租佃，接受工役制剥削。农奴制的残余仍然阻碍着社会生产力的发展。

变革意义

这次自上而下的改革成为俄国历史的转折点。农奴的解放，不仅为资本主义经济提供了充足的劳动力，还扩大了市场的消费，为资本主义经济的发展扫清了障碍。之后，俄国经济开始复苏并快速发展，尤其是19世纪80年代工业革命的完成，更是为俄国的经济注入了新的活力。所以有人称农奴制改革不仅是俄国生产方式和政治制度的转折点，还是现代俄国形成的奠基石。

值得注意的是，1861年改革是"自上而下"的改革，仅仅借助必要和尽量少的武装斗争，就成功实现了社会转型，建立了适应社会发展的政治体制。这是值得人们深思的。

 "明治维新"的历史功绩

变革掠影

【变革时间】1868～1889年

【关键人物】明治天皇

【历史影响】"明治维新"之后日本摆脱了民族危机，成为了亚洲的霸主、世界的强国，更重要的是，日本的革新证明了近代西方的文明同样适用于东方，为很多落后的东方国家找到了出路。

历史纵深

明治维新的发生有着深刻的内部和外部原因。在日本国内，有相当长的一段时间，天皇只是名义上的国家元首，真正掌握政权的是由割据一方的诸侯选出的将军。诸侯之间征战不绝，国家长年处于内乱和封建割据状态。1600年，大将军德川家康（1543～1616年）终于统一了全国，使日本有了一段和平时期，这就是江户幕府时期。

江户幕府时期，日本的商业和民族文化有了很大的发展。但是，严厉的闭关锁国政策，阻碍了日本社会的全面进步。当时，除了中国和荷兰两国外，其他国家都无法与日本通商。这种局面一直持续到19世纪中叶，造成了日本在经济、科学、文化和军事方面都落后于时代。

19 世纪中叶，德川幕府后期，封建统治日益专制和腐朽。上下尊卑，等级森严，幕主、大小藩主和地主占有全国绝大部分土地，他们吸吮着穷苦百姓的膏血过着奢侈腐化的生活。而生活在社会底层的广大农民，只有少量或者完全没有土地，不仅被封建专制剥夺了买卖土地、耕种、选择职业和迁居的种种自由，被牢牢地束缚在土地上，而且受着苛重地租、赋税及高利贷的层层盘剥。

德川家康

加之连年饥荒，广大农民饥寒交迫，困苦不堪，甚至忍痛弃溺亲生，从而激化了他们同封建统治阶级的矛盾。农民起义接连不断。据统计仅明治维新前半个世纪就发生大小起义千余起。受压迫的市民也不断骚动，1837 年大阪市发生了著名的大盐平八郎领导的起义。

与此同时，新兴资产阶级同封建统治阶级之间的矛盾也日益尖锐。幕府后期，资本主义的家庭手工业和手工作坊已有一定程度的发展。随着资本主义工商业的发展，封建自然经济受到了威胁。幕府一方面允许商人自由买卖，另一方面又通过征收巨额捐税，控制物价，解散工商行会组织等手段，严重阻碍了资本主义生产的发展。

幕府的腐朽衰败及财政危机使统治阶级内部矛盾公开化。萨摩、长州等藩通过天保改革日渐强大，与幕府分庭抗礼，要求推行自上而下的资本主义改革。下级武士地位不高、俸禄低微且日渐减少，因难以维持生计，有的甚至把作为武士身份的佩刀都卖掉了。故“恨主如仇”，强烈要求社会改革。他们参加反幕军队，积极进行反幕斗争。

此时的日本不但有内忧，还有严重的外患。18 世纪末期，俄国在太平洋沿岸的堪察加半岛、库页岛、千岛等地的活动日益频繁。西洋通商范围也已拓展到亚洲、太平洋地区。由于日本所处的地理位置，成为通商船只中转、补给的理想选址，因此受到极大的重视。

中英鸦片战争后，中国大门被帝国主义的大炮轰开，日本也受到了列强的巨大压力。1853年，美国海军准将佩里率领一支强大的舰队驶入江户湾（今东京湾），要求日本提供中转服务并开放通商。第二年，佩里率领舰队再次抵日，威胁日本政府立即开关通商，否则就要直捣江户（今东京）。江户幕府被迫签订《神奈川条约》，开放下田、函馆为通商口岸。

1859年，美、英、法三国又与日本缔结了范围更广的条约，取得了在横滨、函馆、长崎常设船舶补给基地的权利。

1859年条约满足了西方国家的要求，但却成了反对江户幕府的导火线。日本西部和南部，尤其是长州藩和萨摩藩的诸侯早就不满江户幕府，违背禁令拜谒当时在软禁中的天皇。各通商口岸时有暗杀外国人的事件发生。1863年，设在江户的美国大使馆被焚，排外运动达到了高潮。同年6月，孝明天皇发布了把所有外国人驱逐出境的敕令，长州藩等地诸侯遵命向航行在下关海峡的外国船只开炮。日本企图回到锁国时代的行动，遭到西方列强的强烈反对。1864年，西方国家组成联合舰队，攻占了下关海峡要塞，以武力迫使日本继续对外通商。

江户幕府内外交困，权势急剧减弱。1866年，大将军家茂去世。1867年1月30日，压抑倒幕派的孝明天皇（1831～1867年）病逝，还不懂事的15岁太子睦仁（明治天皇）即位，形势对倒幕派极为有利，倒幕势力迅速壮大起来。迫于形势，德川幕府末代统治者德川庆喜（1838～1913年）于11月9日向天皇奏请"奉还大政"，企图以此阻止倒幕行动。这一举动，不但未能使倒幕势力退缩，反而火上浇油，更加紧进行了武装倒幕的准备活动。

1868年1月9日，倒幕派发动"宫廷政变"成功，即策动天皇发布"王政复古大号令"，迫使德川庆喜交出政权及占有的一半领地，推翻了封建幕府统治，建立了以天皇为首、由改革派武士掌权的明治政府。

1868年3月，以天皇名义宣布《五条誓文》。《五条誓文》实质上是新政府破除封建制度，学习西方，进行资本主义改革的宣言书。1868年7月，天皇发布《政体书》，以太政官制建立政府机构，由天皇亲自执政掌管国家权力，下设太政官（中央政府机构），辅佐天皇。中央政府机构实行"三权分立"，仿效西方分为行政、议政（立法）、司法三个部门进行统治。"明治维新"逐步拉开了序幕。

明治政权建立初年，封建势力仍相当强大。藩主拥有全国大部分土地，经济力量雄厚，且握有行政、军事大权，强藩各自为政，政府有令也难以贯彻执行。农民依旧受着深重的剥削和压迫。这种分邦割据之势严重威胁着新政权，国家隐伏着分裂的危机。

1871年10月，明治政府派遣由岩仓具视、木户孝允、大久保利通、伊藤博文等政府决策人物率领的大型使节团出使欧美各国考察学习，全权大使为岩仓具视。使团的使命一是修改条约；二是考察西洋文明，探究日本资本主义改革以及进一步发展的道路。

岩仓使团在为期近两年的时间里，访问了英、法、德、俄、美等12个国家，直到1873年9月才全部归国。同列强修改条约的谈判因时机尚未成熟未获成功，但却使出访人员大开眼界，在经济、政治、文化等诸多方面加深了对西方各国的了解和认识，看到了日本和西方资本主义国家的巨大差距，促进了首脑人物观念的转变，坚定了新政府向西方资本主义学习，改革图强的信心。提出"富国强兵"、"殖产兴业"、"文明开化"的维新总方针，根据日本国情，采取了一系列具体的改革措施。

（1）实行"版籍奉还"、"废藩置县"的行政改革。收回各藩主占有的领地和统治权力，把旧藩主任命为藩知事，按国家统一规定发放俸禄，严格区分家政和藩政，使藩主虽有官职但势力大减。在此基础上，又把全国旧藩改为3府72县，后又合并为3府43县，府县行政长官由中央政府直接任命，剥夺了旧藩主的政治权力，结束了封建割据局面，建立了统一的中央集权国家。

（2）改革封建等级制度。废除公卿（贵族）、诸侯称号，改为"华族"，其地位仅次于皇族。取消武士内等级，统称"士族"，并取消武士世袭等特权。宣布平民平等，取消束缚平民的一切法规。平民有就业、居住的自由，还可就任官职，有同华族、士族通婚等自由。

（3）取消封建俸禄制度。华族、士族每年俸禄高达1600万日元，已成为国家的沉重负担。明治政府逐步削减总额之后，实行了公债制。由政府按每人俸禄多少，一次发给俸禄公债，总额为1.74多亿日元，以后不再领取俸禄。

并引导华族、士族把公债、资金用于生产、投资，促进了资本主义生产的发展。士族内因所获俸禄公债数额悬殊，向两极分化而解体。

（4）改革土地所有制和税收制。允许自由买卖土地，确认了土地所有权、农民耕种的自主权。把原来按收获量交实物地租改为按地价征收货币地租。税率为地价的3%。在地税改革中获益最大的是地主，由于确认了土地所有权，他们每年可征收高达60%～70%的地租，把部分地租投资工商业，又增加了资本。虽然实行了新地税制度，但地租实际数额并未减少，农民负担依然沉重。在商品经济的冲击下，破产、无地的农民只得出卖劳动力，加入了雇佣劳动力的大军。掠自农民的血汗地租扩大了政府的财政收入，转而加速了资本主义经济的发展。

（5）实行殖产兴业政策。政府把大部分国有企业廉价转让给私人资本，通过发放贷款、补助金，统一全国货币等形式，运用国家资本大力扶植资本主义经济，并引进西方先进科学技术、机器设备，学习西方科学管理制度和方法。同时发展国营军工企业，建筑铁路、通信设施等，加速了日本近代工业化的进程。

（6）实行文明开化政策，改革教育制度。文明开化就是引进、传播西方文明，进行资产阶级自由、民主的启蒙教育，中心是发展近代科学文化教育事业。以"教育立国"，革新教育。通过公布学制，普及初等教育；发展高等教育；兴办各类实业学校；严格选送出国留学人员。随着教育的兴起及留学人员陆续回国，日本很快实现了科技人才的自给。

（7）改革军制以富国强兵。把兵权收归中央，实行近代义务兵役制，建立常备军，兵员多为平民子弟。

（8）致力于修改不平等条约，收回国家主权。从1871年开始，即同各国交涉，争取修改、废除列强强迫幕府签订的一系列不平等条约。此项任务随着日本的逐渐强盛，到1894年才最后解决。

明治政府的维新改革是逐步完成的。1875年，日本各地民权组织又联合组成全国性组织"爱国社"（后改为国会期成同盟）。自由民权运动的政治要求是开设国会，给人民以参政权；改革专制政体，减轻地租，改订不平等条约等。

在日益高涨的自由民权运动及各地农民频繁的反地租改革起义的巨大压力和推动下，明治政府于 1885 年宣布废除太政官制，改行欧美式内阁制，伊藤博文（1841～1909 年）出任第一任内阁总理大臣。1889 年 3 月，颁布《大日本帝国宪法》，建立了君主立宪政体，标志这一变革过程基本结束。

变革意义

明治维新是日本历史上一次重大的改革，它不但对日本产生了重大影响，对整个东亚，乃至世界都产生了深远的影响。

伊藤博文

"明治维新"通过暴力革命推翻幕府，夺取政权，经过自上而下的一系列改革，摧毁了封建统治基础，使日本由封建制度转变为资本主义制度。结束了幕府时期的封建割据局面，消除民族分裂的危机，实现了国家统一。

经济体制中封建腐赘的铲除，以及殖产兴业，发展教育，求知于欧美，且又不盲目学习的政策，为日本资本主义经济的发展开辟了道路，使日本迅速改变贫穷落后的面貌。日本用不到半个世纪的时间，就完成了西方资本主义国家用了两百年左右的时间才走完的资本主义近代化途程，跃入世界强国之列。

另外，明治维新又具有不彻底性和消极性。由于实行自上而下的资产阶级改革，政治上仿效普鲁士而不是采用英、美式资产阶级民主，加之神化了的、根深蒂固的封建皇权的影响，使日本的资本主义又带有军事封建的浓重色彩。由于这些封建性、军事性因素，最终把日本引上了军国主义、侵略扩张的罪恶道路，给世界人民，尤其是中国和朝鲜等国的人民带来深重的灾难。

十月革命改变了世界

变革掠影

【变革时间】 1917 年

【关键人物】 列宁

【历史影响】 十月革命的胜利极大地改变了世界的局势，它不仅使俄国保持了国家的独立和完整，还打破了资产阶级一统天下的格局，建立了人类历史上第一个社会主义国家，为那些受压迫和奴役的民族指明了方向。

历史纵深

俄国本来就是一个经济相对落后的国家，第一次世界大战期间，又极大地消耗了国力，工业破产，大批失业工人流落街头，饥寒交迫的民众开始对统治者越发不满，而被战争拖得精疲力竭的沙皇俄国根本没有闲暇去顾及民众的抗议，于是国内矛盾日益升温。

1917 年，被逼无奈的民众终于在俄历的二月爆发了起义。短短的 8 天时间，沙皇尼古拉二世就从高高的王位上重重地摔下，沙皇所拥有的军队、权力、国家都成为了历史。这就是历史上著名的二月革命。

革命期间，革命的主要力量——无产阶级组织了自己的苏维埃政权，并掌握了国家的实际领导权。资产阶级虽然在革命中没有出力，但是害怕失去政权，于是拉拢了部分苏维埃的共产主义者组建了临时

俄国末代沙皇尼古拉二世

政府，掌管着国家的各种组织机构。而后，两个政权分庭抗礼，互不相让。

当时的苏维埃政府被具有改良主义倾向的政党孟什维克操纵着，他们反对工人阶级专权，而当时工人阶级真正的领导人列宁还被流放在外。于是，在孟什维克和资产阶级的联合夹击下，临时政府最终凌驾于苏维埃政权之上。

刚刚成立的临时政府并没有因为国内的反战情绪而退出第一次世界大战。相反，他们在继续罪恶的战争的同时，迫不及待地想将国内的无产阶级的革命火焰扑灭。

苏维埃政权随时都面临着被临时政府取而代之的危险，在这万分紧急的时刻，一直流放在外的列宁回到了彼得格勒。

1917 年 4 月 17 日，列宁在布尔什维克党的干部会议上作《论无产阶级在这次革命中的任务》的报告，提出从资产阶级民主革命转变为社会主义革命的纲领和"全部政权归苏维埃"的口号，明确了俄国革命的方向。这就是历史上著名的《四月提纲》。

随后，布尔什维克开始在群众中广泛宣传《四月提纲》，揭露临时政府推行战争政策以及孟什维克和社会革命党叛卖革命的阴谋活动。劳动群众的政治觉悟不断提高，临时政府多次陷入危机。

为摆脱困境，临时政府被迫于 4 月、6 月和 7 月三次进行改组。布尔什维克党的力量日益强大，领导劳动群众举行了"七月示威"，但遭到资产阶级临时政府血腥镇压。布尔什维克党被迫转入地下，政权全部转到临时政府手中。

"七月示威"是革命形势发展的一个转折点。在此之后，列宁和布尔什维克党迅速改变斗争方式，领导群众准备武装起义。8 月，布尔什维克党在彼得格勒召开第六次代表大会，确定了以武装起义推翻资产阶级临时政府和建立无产阶级专政的方针。

1917 年 9 月上旬，俄军最高司令科尔尼洛夫发动反革命叛乱，从莫吉廖夫向彼得格勒调动军队，企图建立反革命军事独裁统治。布尔什维克号召工人和士兵进行抵抗。三天内彼得格勒有 25 万多名工人参加赤卫队，积极进行战斗准备。叛乱士兵在布尔什维克党影响下，拒绝向彼得格勒进攻，转向革命方面。科尔尼洛夫被捕，叛乱迅即被粉碎。

此后，俄国革命形势迅速高涨，武装夺取政权的条件日趋成熟。工人罢工斗争几乎遍及全国各地，有些地区的农民掀起夺地抢粮斗争。正在第一次世界大战前线战斗的士兵也在此时开始公开抵制临时政府的命令，波罗的海水兵、彼得格勒和莫斯科的卫戍部队开始接受布尔什维克的主张。彼得格勒苏维埃也转而支持布尔什维克，托洛茨基当选为苏维埃主席。

在革命时机成熟的关键时刻，列宁为直接指导武装起义，于 10 月 20 日从芬兰秘密回到彼得格勒，23 日主持召开中央会议，作关于目前形势的报告。会议通过了列宁起草的关于武装起义的决议，并成立以列宁为首的政治局，加强对武装起义的政治领导。

10 月 29 日，布尔什维克党中央再次举行会议，选举产生了由布勃诺夫、捷尔任斯基、斯大林等组成的领导起义的军事革命总部。彼得格勒工兵代表苏维埃成立了具体负责准备和进行武装起义的指挥机构——军事革命委员会。起义前，全国起义武装有 35 万到 40 万人，其中工人赤卫队 20 万人。

11 月 6 日，赤卫队员和革命士兵按照军事革命委员会的命令，首先把临时政府派去占领布尔什维克党机关报印刷所的士兵赶走，随后在列宁直接指挥下发起进攻，占领中央电报局、电报通讯社等要害部门。

到第二天早晨 8 点，起义军队占领了国家机关、国家银行、电话邮政总局、车站等战略要地，逮捕大批反动军官，给敌人以沉重打击。

临时政府只控制着国会所在地马利亚宫、总参谋部，以及临时政府所在地冬宫，陷入了孤立无援的境地。为攻打冬宫，布尔什维克党动员了几万名赤卫队员和革命士兵，并组成配备有装甲车、野战火炮和高射炮的突击队，做好了支援攻打冬宫的准备。

11 月 7 日傍晚，冬宫被完全包围。军事革命委员会发出最后通牒，勒令临时政府于 18 时 20 分前无条件投降。但临时政府妄想依靠守卫冬宫的 1500 名士官生和"突击队员"负隅顽抗，并指望从前线调兵镇压革命，拒不缴械。

列宁当即命令军事革命委员会炮击冬宫。21 时 40 分，以"阿芙乐尔"号巡洋舰的炮声为号，革命队伍开始攻打冬宫。次日凌晨 1 时，起义者冲破冬宫大门，但遭反革命士官疯狂抵抗。经激烈枪战，凌晨 2 时攻占冬宫，14 名临时政府部长全部被捕，资产阶级临时政府被彻底推翻，武装起义取得伟大胜利。

在起义队伍攻打冬宫之际，全俄工兵代表苏维埃第二次代表大会于 7 日

22 时 40 分在斯莫尔尼宫开幕，通过列宁起草的《告工人、士兵和农民书》，宣布临时政府被推翻，全部政权转归苏维埃。8 日晚举行第二次会议，通过《和平法令》与《土地法令》，选举产生以列宁为首的第一届苏维埃政府——人民委员会。

在彼得格勒武装起义取得伟大胜利和全俄苏维埃政府成立的鼓舞下，莫斯科于 11 月 15 日爆发武装起义并取得胜利。从 1917 年 11 月到 1918 年 3 月，无产阶级革命的胜利迅速扩展到全国，各地纷纷建立苏维埃政权。

油画作品《列宁在十月革命》

变革意义

十月革命的胜利具有重大的历史意义，不仅使俄国保持了国家的独立和完整，还打破了资产阶级一统天下的格局，建立了人类历史上第一个社会主义国家，为那些受压迫和奴役的民族指明了方向。自此，掀起了世界社会主义运动的新高潮。

经济危机与罗斯福新政

变革掠影

【变革时间】1929 ~ 1933 年

【关键人物】罗斯福

【历史影响】罗斯福新政减轻了美国人民在经济危机时所承受的苦难，以完全不同于希特勒暴政的方法使美国走出了困境，对美国历史的影响是极为深

远的。

罗斯福新政的意义还在于，它充分发挥了国家对市场调节的作用，即使不能根治资本主义的经济危机顽疾，至少也减轻了它的症状。这为世界上其他国家应对经济危机，调节市场提供了经验。

历史纵深

第一次世界大战结束后，欧美一些资本主义国家，残酷地镇压国内工人和农民的起义，为资本主义经济的恢复和发展创造了条件。与此同时，科学技术的不断革新为工业的发展奠定了坚实的基础。在这种背景之下，各资本主义国家的经济在战后都获得了飞速的发展，出现了繁荣的局面。

除了适宜的发展环境和技术支持外，欧美一些老牌的资本主义国家，还依靠战后的经济赔款和贷款促进了经济的繁荣，如美国，虽然当时其农业经济萧条，但是美国在战后依靠输送贷款和分期付款销售商品的形式，出口的数量，抵消了进口的差额，积累了大量的资金，极大地增强了美国的国际竞争力。

法国因为得到了德国的大量赔款，又收回了阿尔萨斯和洛林两个工业区，经济也得到了快速的恢复。

德国虽然是战败国，又支付了大量的赔款，但是美国提供的大量贷款，足以使其经济有所改善，加之，大量工业设备的更新，使德国经济的发展如虎添翼，一跃成为了当时的工业强国，生产总值在世界排行榜中跃居第二位。

但是战前相对发达的英国和日本的经济发展却不尽如人意，英国经济的停滞不前使其不仅出现了贸易逆差，还失去了竞争的实力。日本经济和英国同病相怜，在工业的动荡中变得脆弱而缺乏竞争力。

世界经济发展在极为不平衡的情况下出现了复苏，尤其是 1924～1929 年间，世界资本主义经济进入了"相对稳定"的发展时期。

到了 1929 年，各国被战争破坏的经济基本上得到了恢复，但是这种经济繁荣的背后却是暗潮汹涌，因为当时的资本主义国家几乎在盲目地生产，以产值为最终的目标，没有考虑到人们的消费水平，为资本主义经济危机提供了滋长的温床。

这次经济危机开始的标志是 1929 年美国的华尔街股市崩盘。1929 年 10 月

24 日被称为美国历史上的"黑色星期四"。那一天纽约股票市场竟有 1300 多万股股票在一天内被抛售出去,全国为之震动,从此美国的经济就像雪崩一样,开始全面滑坡。

美国银行界首当其冲,1929 年有 659 家银行倒闭,到了 1932 年则有 1456家银行倒闭;银行的总资产从 1931 年的 70209 亿美元减少到 1932 年 6 月 30 日的 57245 亿美元,存款总额减少了 90 亿美元。

在此期间,共有十多万家企业破产,其负债额近 30 亿美元。1932 年底的工业生产比 1929 年下降了 51%,失业人数在此情况下也呈逐月上升之势,至1933 年初已达创纪录的 1400 万。

美国的国内生产总值从 1929 年的 1044 亿美元下降到了 1933 年的 742 亿美元,国民收入也在同一时期内从 878 亿美元减少到了 402 亿美元。人民的生活水平大为降低,从 1929 年到 1933 年,工人的总收入由 530 亿美元减少到了315 亿美元,农民的总收入则从 119 亿美元下降到了 53 亿美元;全国人均收入从 681 美元降为 495 美元,其中农民的生活尤为困苦。随着经济形势的恶化,美国社会也开始急剧动荡。

吃、穿、住的问题成为了美国人需要共同面对的敌人。当时纽约流行一首儿歌:"梅隆(美国著名的金融财团)拉响汽笛,胡佛(时任美国总统)敲起钟。华尔街发出信号,美国往地狱里冲!"反映了当时最真实的美国状况。

不久这场危机轻而易举地席卷了所有的资本主义国家,于是一场空前的世界经济灾难降临了。战后,各国之间的联系越来越紧密,很多国家都依赖于美国的资金流动和贸易出口,失去了美国的市场和资金,其他国家也就在劫难逃了。

法国收回了之前给奥地利的贷款但是却不足以偿还债务;德国为了解决国内的危机,延长了还款的期限,这就进而影响到了英国。为了解决国内的危机,这些资本主义国家加紧了对殖民地的剥削,进而将经济危机带到那里,这场从美国开始的灾难终于演变成了世界性的毒疮。

很多人没有办法面对这突如其来的变化,含恨自杀,社会治安日益恶化。而大量工人的失业,让一度消沉的工人运动重新登上了历史的舞台。

此外,为了解决危机,德国、意大利、日本开始建立法西斯政权,为法西斯思想的滋长和泛滥提供了温床,并最终形成了东西方两个战争策源地,导致

了第二次世界大战的发生。

资产阶级处于绝望境地。就在这个时刻，1933年3月4日，富兰克林·罗斯福击败了竞争对手，出任美国总统。

面对着国会大厅前沉默无语、神情沮丧的人群，罗斯福用洪亮的声音、坚定的语调发表了他的就职演说。他宣称："现在正是坦白、勇敢地说出实话，说出全部实话的最好时候，我们也不必畏首畏尾，不老老实实面对我国今天的情况。这个伟大的国家会一如既往地坚持下去，它会复兴和繁荣起来。因此，让我首先表明我们坚定的信念：我们唯一不得不害怕的东西就是害怕本身。"

在分析了美国经济危机产生的原因后，罗斯福表示将采取一系列措施来克服眼下的困难，而且如有必要"将要求国会准许我使用唯一剩下的手段来应付危机——向非常情况开战的广泛的行政权，就像我们真的遭到外敌入侵时授予我那样的广泛权力一样"。

就这样，罗斯福新政启动了，据说这个词本来是罗斯福的一名顾问、纽约州的贾奇·罗森曼无意中说出来的。然而不久人们就用它来称呼美国历史上一个非常重要的时代——罗斯福新政了！

罗斯福

罗斯福不是单枪匹马来开创这个新时代的。他的就职演说受到了热烈的欢迎，有五十多万名美国公民写信给他表示支持，其中有一个人甚至写道："人们几乎像看上帝那样一直在看着你。"

此外，罗斯福还组建了一个人才济济、配合默契的工作班子，其中包括老谋深算的国务卿赫尔、财大气粗的财政部长威廉·伍丁、开明进步的农业部长亨利·华莱士、精明干练的劳工部长帕金斯和沉着稳健的内政部长伊克斯。

罗斯福的智囊团中除少数内阁成员外，还有才华出众的雷蒙德·莫利和圆滑变通的哈里·霍普金斯等。

这些人都是锐意进取之士，他们在罗斯福的领导下，一扫胡佛政府时的暮气沉沉，使白宫上下顿时变得生机勃勃起来。正是由于这些人的协助，罗斯福才得以一展雄图，使美国逐渐走出困境。

罗斯福的"新政"处方先从整顿金融入手。在就职后的第三天，罗斯福宣布全国银行"休假"，这是他所采取的重建银行和经济结构的第一步。

1933 年 3 月 9 日，国会通过了《紧急银行法令》，对银行采取个别审查、颁发许可证制度，对有偿付能力的银行，允许尽快复业。

罗斯福对惊魂未定的美国人民说："我向你们保证，把你们的钱存入重新开业的银行比藏在床褥下更为保险。"

6 月 16 日，国会通过了《1933 年银行法》，建立由联邦承担责任的联邦储备体系，银行信用很快恢复。银行存款在不到一年的时间里增加了近 20 亿美元！

在整顿农业方面，从 1933 年 5 月开始，新设立的农业调整管理局着手开展了一场雷厉风行的行动，在春夏两季有计划地犁掉了大约 1000 万英亩棉田，收购和屠宰了二十多万头即将临产的母猪和六百多万头小猪，几千万头牛和羊。

物缺则贵的无情法则发生了作用。随着农业生产的下降，加上 1933～1934 年遭到严重旱灾，农产品价格开始回升，从 1932 年到 1936 年农业总收入增加了 50%，出售农产品的现金收入（包括政府补贴）几乎翻了一番。

1933 年春天，罗斯福政府制定了旨在整顿工业的《全国产业复兴法》，其内容共分两部分：第一部分的宗旨是订立免受《托拉斯法案》限制的公平竞争规约；第二部分提出要成立"公共工程署"，并为此拨款。罗斯福称之为"向工业界提出的艰巨任务"。

7 月，罗斯福政府又提出了订立"一揽子规约"的想法，规定如愿意合作的雇主应保证遵守全国复兴总署规定的最低工资和最高工时的标准。200 万雇主接受了"一揽子规约"，并在企业门口悬挂以印第安人的雷鸟为蓝本而设计的蓝鹰徽——服从规约的标志。

在"新政"中，"救济"是一个主要方面。在进行直接救济的同时，更主要的方面是以工代赈。罗斯福上任后从一开始就倾注了极大的力量兴办大规模的公共工程，以扩大政府开支来弥补私人投资下降而出现的空白，并解决部分就业问题。

1935年4月28日，罗斯福正式宣布工赈计划，明确规定对有工作能力的人不发放救济金，而是帮助其通过参加不同的劳动获得工资。

新政期间，全国设有名目繁多的工赈机关，综合起来可分成两大系统：以从事长期目标的工程计划为主的公共工程署和民用工程署。后者在全国范围内兴建了18万个小型工程项目，包括校舍、桥梁、堤坝、下水道系统及邮局和行政机关等公共建筑物，先后吸引了400万人工作，为广大非熟练失业工人找到了用武之地。

到"二战"前夕，联邦政府支出的种种工程费用及数目较小的直接救济费用达180亿美元。美国政府修筑了近1000座飞机场、12000多个运动场、800多座校舍与医院，不仅为工匠、非熟练工人和建筑业从业者创造了就业机会，还给成千上万的失业艺术家提供了形形色色的工作，这是迄今为止美国政府承担执行的最宏大、最成功的救济计划。

从1935年开始的第二期"新政"，在第一阶段的基础上，着重通过社会保险法案、全国劳工关系法案、公用事业法案等法规，以立法的形式巩固新政成果。罗斯福认为，一个政府"如果对老者和病人不能照顾，不能为壮者提供工作，不能把年轻人注入工业体系之中，听任无保障的阴影笼罩每个家庭，那就不是一个能够存在下去，或是应该存在下去的政府"，社会保险应该负责每个人"从摇篮到坟墓"整个一生。

为此，罗斯福政府制定了《社会保险法》，法律规定，凡年满65岁退休的工资劳动者，根据不同的工资水平，每月可得10~85美元的养老金。关于失业保险，罗斯福解释说："它不仅有助于个人避免在今后被解雇时去依靠救济，而且通过维持购买力还将缓解一下经济困难的冲击。"保险金的来源，一半是由在职工人和雇主各交付相当于工人工资1%的保险费，另一半则由联邦政府拨付。这个社会保险法，反映了广大劳动人民的强烈愿望，受到美国绝大多数人的欢迎和赞许。

变革意义

罗斯福的新政减轻了美国人民在经济危机时所承受的苦难，以完全不同于希特勒暴政的方法使美国走出了困境，对美国历史的影响是极为深远的。第二次世界大战后，从杜鲁门的"公平施政"到肯尼迪的"新边疆"，再到约翰逊的"伟大社会"，无不打上新政改良主义的烙印。罗斯福至今仍是美国人民深为爱戴的一位历史总统。

更为重要的是，罗斯福新政使西方国家的统治集团从慌乱中清醒过来，国家资本主义开始逐渐发展起来。从此以后西方世界没有再爆发过类似 1929 年至 1933 年那样大规模的经济危机，原因固然是多方面的，不过罗斯福新政的意义和这种改良型经济的历史作用是不容忽视的。

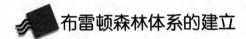

布雷顿森林体系的建立

变革掠影

【变革时间】1944 年

【关键人物】资本主义国家政治领袖

【历史影响】布雷顿森林体系的建立，推进了资本和市场的国际化，扩大了世界贸易，进而让全球的经济发展进入了越来越相互依存而高速发展的时代。

历史纵深

在 20 世纪后半叶，关贸总协定、世界银行、国际货币基金组织支撑着世界经贸和金融格局，被世人誉为世界经济的三大支柱。而这三大支柱都是布雷顿森林体系的产物。

1929 年至 1933 年的世界经济大萧条给欧美的资本主义国家带来了巨大的经济损失。为了维护各自的经济利益，国际货币组织开始趋于多元化，各货币集团相互竞争的结果导致了货币的贬值，国际金融市场动荡不安。

不仅如此，各国的经济集团为了寻求生存和发展的空间，解决国内的阶级矛盾，不惜牺牲其他集团的利益，来达到国际收支的平衡，这种不正当的竞争导致国际货币市场呈现出无政府状态。世界要尽快地恢复经济增长，就必须建

立稳定的经济秩序。

第二次世界大战之后，国际政治和经济格局均发生了重大的变化。英国的经济遭到严重破坏，传统的以英镑为中心的资本主义世界货币体系更是难以维持。曾经是国际政治、经济主宰力量的西欧国家，也已沦为二三等国家，而当时欧洲、日本正忙于清理战争的废墟瓦砾。

美国与苏联成为了分庭抗礼的两极世界霸主。美国无论是经济实力，还是军事实力都跃居其他资本主义国家之上，而大量的黄金储备让其巩固地位有了保障，美元的国际地位也随之提升。但是当时的国际贸易中有近一半的业务由英镑结算，美国要想实现和巩固其在世界经济中占据的主导地位，就必须取代英国的货币储备地位。而当时的国际形势为美国建立国际货币体系提供了有利的条件。

1944年7月，44个国家或政府的经济特使聚集在美国新罕布什尔州的布雷顿森林，商讨战后的世界贸易格局。经过激烈的争论，美国凭借其政治经济实力，最终迫使与会国接受了美国提出的方案，通过了《国际货币基金协定》（布雷顿森林协定），大会还决定成立国际复兴开发银行（世界银行）和国际货币基金组织两个机构，以及一个全球性的贸易组织。以这次会议通过的协定为依托，一个以美元为中心的资本主义世界货币体系形成了，这就是"布雷顿森林体系"。

布雷顿森林体系主要体现在两个方面：第一，美元与黄金直接挂钩。第二，其他会员国货币与美元挂钩，即同美元保持固定汇率关系。

布雷顿森林体系实际上是一种国际金汇兑本位制，又称美元——黄金本位制。它使美元在战后国际货币体系中处于中心地位。美元成了黄金的"等价物"，各国货币只有通过美元才能同黄金发生关系。从此，美元就成了国际清算的支付手段和各国的主要储备货币。

为了稳定战后的国际货币金融制度，根据布雷顿森林协定，1947年3月1日，作为联合国的一个专门机构，国际货币基金组织宣告成立。

国际货币基金组织的资金来源于成员国缴纳的基金份额，份额的数量决定了各成员国在该组织内的投票权，以及可借外汇贷款和所能分配到的特别提款权（国际货币基金组织发行的一种记账单位）的多寡。由于美国缴纳的份额最多，占全部份额的 20% 以上，因而它拥有 20% 以上的投票权，占统治地位。国际货币基金组织资金的另一个来源是西方十个发达国家（又称十国集团）提供的贷款。1961 年，基金组织与十国集团达成"借款总安排"，从这十国借款作为对成员国贷款之用。

国际货币基金组织向成员国提供两种使用资金的权力，一是普通提款权，即成员国按其份额的比例用本国货币向该组织申请购买外汇。二是特别提款权，该权力由基金组织在 1969 年创立，作为对原有提款权的补充。它是按成员国的份额分配。分配到的特别提款权可通过该组织换取外汇，作为国际储备。它也能用于官方结算或向其他成员国换取可兑换的外汇。还可以支付国际收支逆差，偿还基金组织的贷款，但不能直接用于贸易和非贸易方面的支付。

国际货币基金组织自成立以来通过提供贷款，帮助成员国解决外汇资金的短期需要，以调整其国际收支的暂时失调。这对改善成员国的国际收支状况，稳定其汇率起了积极的作用。

除此以外，它还是协商国际货币金融问题的主要场所和提供货币金融方面的技术援助的机构，并通过各种会议解决国际货币金融的问题。

国际货币基金组织是和关贸总协定（后来的世界贸易组织）有密切业务关系的机构。关贸总协定的历届多边贸易谈判在涉及非关税措施时，其中对各缔约方货币金融、外汇汇率、对外收支平衡等问题谈判时，主要依靠国际货币基金组织的参与和配合。

1944 年 7 月，在美国举行的布雷顿森林会议，除了通过《国际货币基金协定》，还通过了《国际复兴开发银行协定》。该协定于 1945 年 12 月 27 日由 28 国政府代表签署，国际复兴开发银行正式成立。1946 年 6 月 25 日开始营业。次年成为联合国的一个专门机构。该银行通常被称为"世界银行"。

该行宗旨初期是致力于战后的欧洲经济复兴，后转向世界性的发展援助，即为成员国生产性投资提供长期贷款和技术援助，以协助成员国复兴经济和开发资源。

世界银行总行设在美国华盛顿，并在巴黎、纽约、伦敦、东京、日内瓦等地设有办事处，还在二十多个发展中成员国设立了办事处。

世界银行有三个限制条件：（1）只有参加国际货币基金组织的国家方可

申请加入世界银行。（2）只有成员国才能申请贷款。私人生产性企业申请贷款要由政府担保。（3）成员国申请贷款一定要有工程项目计划，贷款专款专用，受世界银行监督。

世界银行的资金来源有三个方面：（1）各成员国缴纳的股金；（2）向国际金融市场借款；（3）发行债券和利息收入。

世界银行的贷款主要是为了帮助成员国建立、恢复和发展经济的基础，所以贷款集中在动力、交通运输、供水与排水等基础设施行业，其他还用于城市发展、教育、旅游以及人口、营养等项目。近年来在发展中国家的要求下，逐渐增加了农业贷款。

关贸总协定在对发展中国家提供各种专项贷款、技术援助及培训人员等方面，往往得到世界银行的支持。世界银行对关贸总协定的研究工作也作出了重要贡献，它的一大批专家对关贸总协定所进行研究的各种课题，都能提出有价值的意见。在20世纪后半叶的50年中，关贸总协定和世界银行、国际货币基金组织被认为是支撑世界经贸和金融格局的三大支柱。

布雷顿森林体系是以美元和黄金为基础的金汇兑本位制。它必须具备两个基本前提：一是美国国际收支能保持平衡；二是美国拥有绝对的黄金储备优势。

但是进入20世纪60年代后，随着资本主义体系危机的加深和政治经济发展不平衡的加剧，各国经济实力对比发生了变化，美国经济实力相对减弱，国际收支存在逆差，各国对其信心下降，大规模抛售美元，抢购黄金。

同时，美国的短期债务也已超过了黄金储备额，美元信用基础发生动摇。1950年以后的美国，除个别年度略有顺差外，其余各年度都是逆差，并且有逐年增加的趋势。1971年，仅上半年，美国的贸易逆差就高达83亿美元。

随着国际收支逆差的逐步增加，美国的黄金储备也日益减少。1949年，美国的黄金储备为246亿美元，占当时整个资本主义世界黄金储备总额的73.4%，这是战后的最高数字。

此后，逐年减少，至1971年8月，尼克松宣布"新经济政策"时，美国的黄金储备只剩下102亿美元，而短期外债为520亿美元，黄金储备只相当于积欠外债的1/5。

美元大量流出美国，导致"美元过剩"。1973年底，游荡在各国金融市场上的"欧洲美元"就达1000多亿。由于布雷顿森林体系前提的消失，也就暴露了其致命弱点，即"特里芬难题"。体系本身发生了动摇，美元国际信用严重下降，各国争先向美国挤兑黄金，而美国的黄金储备已难以应付，这就导致了从1961年起，美元危机迭起，货币金融领域陷入日益混乱的局面。

为此，美国于1971年宣布实行"新经济政策"，停止各国政府用美元向美国兑换黄金，这就使西方货币市场更加混乱。1973年美元危机中，美国再次宣布美元贬值，导致各国相继实行浮动汇率制代替固定汇率制。美元停止兑换黄金和固定汇率制的垮台，标志着战后以美元为中心的货币体系瓦解。但是，由布雷顿森林会议诞生的两个机构——世界银行和国际货币基金组织仍然在世界贸易和金融格局中发挥着至为关键的作用。

变革意义

布雷顿森林体系的建立是世界历史上的一次重大变革，它极大地改变了世界的政治、经济格局。布雷顿森林体系建立之后，结束了之前国际货币动荡和混乱的局面，为国际融资创造了良好的条件。

布雷顿森林体系的建立，促进了战后资本主义世界经济的恢复和发展，扩大了各国间的经济交往。尤其是在20世纪50年代和60年代的部分时间里，布雷顿森林体系运行良好，对战后稳定国际金融和发展世界经济确实起到了巨大的作用。

布雷顿森林体系的建立促进了国际贸易的发展，国际贸易的增长速度大大超过战前。1913～1918年，世界出口贸易额年平均增长率为0.7%，而1948～1960年为6.8%，1960～1965年为7.9%，1965～1970年为11%。国际贸易空前发展，极大地改善了全球人的生活质量。

布雷顿森林体系的形成有助于生产和资本的国际化。由于汇率的相对稳定，避免了国际资本流动中引发的汇率风险，这有利于国际资本的输入与输出。同时也为国际间融资创造了良好环境，有助于金融业和国际金融市场发展，也为跨国公司的生产国际化创造了良好的条件。

在金本位制下，各国注重外部平衡，因而国内经济往往带有紧缩倾向。在

布雷顿森林体系下，各国一般偏重内部平衡，所以国内经济比较稳定，危机和失业情形较之战前有所缓和。

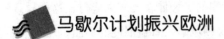马歇尔计划振兴欧洲

变革掠影

【变革时间】1947～1951 年

【关键人物】马歇尔

【历史影响】马歇尔计划使西欧的经济基本上恢复到战前水平。经济的复兴让人们重新对政府充满了信心，巩固了西欧的政治秩序，防止了革命的爆发，并在一定程度上促进了各国之间经济合作。

历史纵深

第二次世界大战前，西欧是世界经济最发达的地区，工农业生产总值占全球的1/3。第二次世界大战的战火所遍及的地区远远超过了第一次世界大战，使欧洲绝大多数城市遭到了毁灭性的打击。在一片片触目惊心的废墟上，已经很难寻觅到昔日的喧嚣与繁华，工厂厂房也变成了一堆堆的瓦砾。战争最终留下的是数以万计的无家可归者，以及几年后仍然无法从死伤中平复的欧洲。战后，欧洲的经济近乎瘫痪。

战争中，各国为了阻截对方的后援，铁路、桥梁以及道路等交通设施成了彼此袭击和破坏的主要目标，战后除一些偏远的小城镇外，几乎所有的交通设施都遭到了严重的破坏。

当时，西欧的粮食大部分都是从东欧进口，交通设施的破坏，使各国的经济处于封闭状态，食品短缺现象越来越严重，数以百万计的人挣扎在死亡线上，其中以德国的情况最严重。此外，交通设施的破坏还导致很多工业燃料也出现了短缺，比如煤，这更加剧了西欧经济的萧条。

要在短期内修复这些设施，需要大量的资金，而此时的欧洲各国已经被战

争掏空了国库，根本没有办法改变这种现状，因此欧洲的经济一直没有办法恢复，甚至没有好转的迹象。1946 年至 1947 年的寒冬更是使欧洲各国经济雪上加霜，为了满足家庭的供暖，很多工厂被迫停工。即使是这样，还是有很多人在严寒中被冻死。

迫于生活的压力，大批的工人走上街头示威游行。欧洲各国共产党的声望在战后普遍增长，工人运动再次出现了高潮。社会的动荡让欧洲经济恢复更加困难。

同欧洲各国相比，美国是第二次世界大战中的幸运儿，由于其参战比较晚，而且战场远离美国本土，本土几乎未受到破坏，尤其是一些基础设施几乎保存完整，所以战后其经济依旧充满了生机和活力。

美国大量的黄金储备不仅在战争期间为本国经济提供了坚实的后盾，还为战争中的同盟国提供了支持。加之，战后美国政府迅速将军用工业转为了民用工业，战争期间物资短缺现象很快就消失了。

为了恢复经济，欧洲各国急需外援，于是纷纷向美国求援，希望可以获得贷款。在第一次世界大战之后，美国为了帮助欧洲各国恢复经济曾向其提供贷款，尤其是德国曾经依赖美国的帮助成了工业强国，但是直到第二次世界大战双方开战前，德国都没有还清美国的贷款。在这种情况下，美国国会中的多数人认为第一次世界大战后的历史不能重演。

但世界形势也不容美国对欧洲各国的凋敝坐视不理。在共产主义运动高涨的情况下，要遏制经济和军事强国苏联称霸世界，就必须加强同欧洲的合作。如果欧洲的经济不能够很快地恢复，必然导致各国共产主义革命形势朝着有利于苏联的方向发展。

经过多方权衡，美国最终决定从经济上辅助西欧，加强各国合作共同抵制苏联。马歇尔计划就是在这种情况下诞生的。

早在马歇尔计划提出之前，就已经有不少的意见和呼声认为有必要对欧洲开展援助重建计划。1946 年 9 月 6 日，时任美国国务卿的詹姆斯·拜恩斯在斯图加特的一家歌剧院的一次演讲中最早提出了援助的设想。

此外，卢修斯·克莱将军曾要求工业家刘易斯·布朗于 1947 年调查并起草了一份《战后德国的状况报告》。这份报告罗列了战后德国所面临的各种状

况，并提出了一些重建建议。

同时，时任美国副国务卿的迪安·艾奇逊也针对此事做了一个专题演讲，尽管他的建议在当时未获得重视，不过时任美国副总统的阿尔本·巴克利对此却颇为赞同。

当时认为替代美国大量援助的另一途径是从战败的德国获取重建所必需的物资和资金。早在 1944 年，就已经有人将这种设想付诸计划，这就是由时任美国财政部长的小亨利·摩根索提出的"摩根索计划"。在这个计划中，摩根索建议通过让德国在战后支付巨额赔款，来帮助其他在战争中受到轴心国进攻的欧洲国家进行重建，同时这种对于德国近乎榨取式的巨额索赔也可以遏止德国的再次崛起。

与"摩根索计划"相近的是由法国官员让·莫内提出的"莫内计划"。该计划设想由法国控制德国的萨尔和鲁尔两大工业区，并允许法国使用这两个区域中丰富的矿产资源使法国的工业产出至少恢复到战前 150% 的水平。

1946 年，对德占领当局出台了严厉的限制德国恢复工业化的方针。这些限定严格规定了德国煤炭和钢铁的产量。第一个恢复德国工业化的计划于 1946 年初签署，这就是著名《工业化水平协定》。它通过拆除德国的 1500 多家工厂使其工业水平大致维持在战前（1938 年）的 50% 左右。这个协定所隐含的弊病立即就显露了出来，因此该方案此后被多次更改。整个拆除工作直到 1950 年才结束。

但是，德国长期以来就是欧洲的工业强国和经济中心，过分地削弱德国必然导致整个欧洲经济恢复受阻，对德占领当局不得不大幅度提高他们的占领成本来解决德国日益增长的各种需求和物资短缺的矛盾。这种种弊病以及因上述两个计划曝光而来的社会舆论批评使得人们不得不重新考虑"莫内计划"和"摩根索计划"。

到了 1947 年，甚至连德国的工业中心鲁尔都面临被全面拆除的可能。总之当时，面对几乎已经被完全剥夺了生产能力的德国，杜鲁门、马歇尔以及艾奇逊一致认为有必要立即给予德国大量的、并且是源源不断的援助。

1947 年 6 月 5 日，马歇尔在哈佛大学的毕业典礼上发表了著名的"马歇尔演说"。他站在哈佛园纪念教堂的台阶上，宣告美国已为帮助欧洲复兴作好了准备。这篇由查尔斯·博伦起草的演讲词中没有提及任何的细节和数据。它号召欧洲人团结起来、共同规划一个他们自己的重建欧洲计划，然后由美国为这一计划提供资金，这才是这一演讲中最为关键的部分。

马歇尔计划正式出炉了。马歇尔计划的官方名字是"欧洲复兴计划"。因其主要提出者是时任美国国务卿的乔治·马歇尔而得名。事实上真正策划该计划的是美国国务院的众多官员，特别是威廉·克莱顿和乔治·凯南。

美国政府估计这一计划不会得到美国民众的欢迎，且考虑到这次演讲主要针对的听众是欧洲人。因此为了避免美国报纸对演讲的关注，演讲现场特意没有邀请任何美国记者，而且杜鲁门还特意于同日举行了一次记者招待会，以转移国内媒体的注意力。而相映成趣的是，艾奇逊当天却四处联络欧洲媒体报道此事，特别是英国媒体。英国广播公司还全文播送了这篇演讲。

7月12日，一次规模更大的会议在巴黎召开。这个会议几乎邀请了当时欧洲的所有国家，但实际参会的只有西欧16个国家。要把计划从铅字变成现实，不仅需要各个参与国家的协商，还需要得到美国国会的批准。因此，16个参与国家代表齐聚巴黎，商讨未来美国援助的形式以及分配问题。由于这一问题与各国自身利益息息相关，整个谈判显得极其冗长而复杂。

法国最主要的考虑是不让德国恢复其战前的强大实力。而对比、荷、卢三国来说，虽然他们也曾遭受纳粹的侵略，但考虑到自身与德国经济联系的紧密程度，他们还是希望通过推动德国的复兴来促进自身的经济繁荣与发展。

斯堪的纳维亚诸国，特别是瑞典，则始终坚持两点原则。其一是他们与东方阵营各国长期存在的贸易联系不应遭到中断；其二则是其中立地位不能被侵犯。

英国则坚持认为，考虑到其自身的特殊情况，它不能仅仅满足于与其他欧洲大陆国家获得相等的援助，因为这些份额的援助对英国来说几乎没有任何实质作用。

美国一方面极力倡导自由贸易原则，另一方面又要求欧洲团结起来，筑成反对共产主义的堡垒。杜鲁门政府的代表威廉·克莱顿向欧洲各国承诺，他们能够自己自由地组织计划，然而他又提醒欧洲人，如果要让计划付诸实施，那么就必须通过美国国会这一关。而在此时，国会中的大多数议员虽然赞同自由贸易和欧洲一体化这两大原则，但他们又对在德国人身上投入太多美元犹豫不决。

在各方达成一致之后，欧洲各国将拟订的重建计划草案递交给了华盛顿。在这份草案中，欧洲方面提出的援助总额是 220 亿美元。在杜鲁门将其削减到 170 亿美元之后，该草案被提交给国会批准。1948 年初，美国国会通过了一个包括最初的 50 亿美元援助在内的政府支出议案。而在最后通过国会批准的计划中，共包含的援助数额为 124 亿美元，为期 4 年。

马歇尔

1948 年 4 月 3 日，杜鲁门签署了马歇尔计划，同时他还批准设立了经济合作总署来负责这一计划的实施。就在同年，计划的各个参加国（奥地利、比利时、丹麦、法国、西德、英国、希腊、爱尔兰、意大利、卢森堡、荷兰、挪威、瑞典、瑞士、土耳其和美国）又签署了一项协定，决定建立一个地位与美国经济合作总署并列的机构，即欧洲经济合作组织。这一组织后来又改名为经济合作发展组织。

美国的一批实质性的援助在 1947 年 1 月交付，目的地是希腊和土耳其。1948 年 7 月，经济合作总署开始正式运作。同年，这一组织发布了它的使命声明，内容包括：推进欧洲经济进步、促进欧洲生产发展、为欧洲各国货币发行提供支持以及推动国际贸易。而经济合作总署的另外一个没有被官方承认过的目标，则是对苏联势力在欧洲不断扩张的影响进行遏制，特别针对捷克斯洛伐克、法国和意大利共产党势力的增长。

马歇尔计划涉及的资金通常都先交付给欧洲各国的政府。所有资金由所在国政府和经济合作总署共同管理。每个参与国的首都都会驻有一名经济合作总署的特使。这一职位一般都由一位有一定声望的美国籍商界人士出任。他们的职责就是在计划实施过程中提出建议。经济合作总署不仅鼓励各方在援助资金的分配上进行合作，还组织由政府、工商业界以及劳工领袖组成的磋商小组，对经济情况进行评估，同时决定援助资金的具体流向。

欧洲人将大多数来自于马歇尔计划的援助资金用于输入美国生产的商品。欧洲国家在"二战"中几乎消耗光了他们的所有外汇储备，因此马歇尔计划带来的援助几乎是他们从国外进口商品的唯一外汇来源。在计划实行的初期，欧洲国家将援助大多用于进口急需的生活必需品，例如食品和燃料，但随后大宗进口的方向又转向了他们最初也需要的用于重建的原料和产品。

马歇尔计划按原定计划于1951年如期终止。此后，因美国介入朝鲜战争并面临日益增长的军备开支，试图延续马歇尔计划的努力都未能成功。一直对该计划持反对意见的共和党在1950年的国会选举中获得了更多的席位，保守的反对派也开始抬头。这样，马歇尔计划即在1951年宣告结束，但此后美国对欧洲国家的其他形式的援助却始终没有停止过。

变革意义

马歇尔计划的提出是世界历史上的一次伟大尝试，也是一次伟大的变革，它开创了大规模使用本国财政收入援助他国的先例。

马歇尔计划的实施使西欧的经济基本上恢复到了战前水平，并在一定程度上促进了各国之间的经济合作。而1950年西欧支付同盟的成立，为之后欧共体的成立奠定了基础。当然马歇尔计划的政治影响亦不亚于其经济影响，经济的恢复让人们重新对政府充满了信心，从而巩固了西欧的政治秩序，防止了革命的爆发。同时，马歇尔计划还解决了美国自身生产过剩的问题，促进了美国经济的发展。

 # "冷战"局面的形成

变革掠影

【变革时间】20世纪40年代末到90年代

【关键人物】杜鲁门、赫鲁晓夫、里根、戈尔巴乔夫等

【历史影响】"冷战"的开始与结束都是人类历史上重大的、被动的变革。

"冷战"阻碍了世界整体化的发展，也造成了德国、朝鲜的分裂，并引发了局部的战争。美苏双方势均力敌，在近半个世纪里避免了新的世界大战的爆发。

历史纵深

第二次世界大战时，尽管美苏两国对战时利益和战后安排各有打算，但它们仍服从于打败和消灭法西斯这一共同的首要的战略目标，它们之间的关系是盟友关系。战争的结束使得美苏关系发生了重大变化。美苏两国共同的敌人已被打倒，战时共同的战略目标已经达到，随之而来的却是美苏之间的战略目标、战略构想的战略意义的根本冲突。

第二次世界大战结束后，美国的战略总目标是主宰世界。在第二次世界大战尚未结束时，美国总统罗斯福就曾构想战后世界蓝图，其主要的战略构想是大国合作，特别是美苏合作，同时安排战后世界，共同维持战后世界秩序，但是必须由美国充当老大，主宰世界。

战后初期，一个显而易见的情况是，美国需要为其远远超过国内需求的生产能力、大量产品和大量资金，去最大限度地拓展海外市场和投资市场。美国需要依靠其经济实力和军事力量来保持其头号大国地位，力图称霸世界。

而苏联在战后初期的战略总目标也是确保头等大国地位和势力范围，并且发展壮大以苏联为首的世界社会主义体系，推进世界革命。其主要战略构想是，维持美苏主导的雅尔塔体制，巩固苏联在第二次世界大战中取得的战略利益和势力范围，建立包括东欧在内的保障苏联安全的屏障，增强苏联的国力，扩大苏联的影响，推进并领导世界革命。确保苏联经济的恢复和发展，争取意识形态的胜利等是它的战略利益，但最重要的是苏联的安全利益。社会主义和资本主义两种社会制度矛盾的上升，导致了"冷战"。

杜鲁门担任美国总统后，凭借美国作为世界头号强国的地位，公开宣称要"领导世界"，并通过实施霸权主义的政策和手段来追求这一目标。

苏联是美国称霸世界的主要障碍，杜鲁门政府对苏联的政策日趋强硬。它的战略构想是摒弃美苏合作，一边搞导弹威胁，一边搞金元外交，使用霸权主义的政治、经济、军事手段，控制其他资本主义国家，争夺亚非拉，施压东欧、东亚社会主义国家，遏制苏联，独霸世界。

美国的战略目标的战略构想是为美国的战略利益服务的。美国垄断资产阶级要求确保美国的"世界第一，越多越好"的经济利益，这是战后美国最重要的战略利益。

杜鲁门

"希、土事件"是美苏之间冲突公开化的导火索。从历史上看，希腊与土耳其一直属于英国的势力范围。第二次世界大战时期，苏联开始向其渗透。而美国在战争结束前后也力求控制这个连接三大洲的重要战略地区。

当时，苏联曾要求土耳其归还卡尔斯和阿尔达汗两个边境地区，并提出修改关于通过达达尼尔海峡问题的蒙特勒国际公约。要求土耳其在达达尼尔地区为苏陆海军提供基地，并共同防卫这一海峡。美国人也不甘示弱，借口运送土耳其驻美大使尸体回国，将一支包括"密苏里"号主力舰在内的特遣舰队，驶往东地中海。

随后，美国最大的航空母舰"罗斯福"号以及"伦道夫"号又接踵而至。它们耀武扬威地访问土耳其、希腊、西班牙等地，力图以美国的实力驱赶"俄国巨大的阴影"。而且，当时美国国务院也认为，希腊"正成为紧张的国际关系的焦点"。美国草拟了题为《危机和迫在眉睫的崩溃的可能性》的备忘录，把苏联的"侵略"看做是形势危急的根源，而认为希、土等国是遏制苏联扩张的前哨阵地。也就在这个时候，英国政府发表白皮书，承认1946年财政赤字超过原先估计，已达4.5亿英镑，不得不削减海外开支。

同时，英政府向美国发出照会，表明自身已无力继续向希腊和土耳其提供援助，又强调这两国在军事和战略上的重要，以及苏联对它的虎视眈眈，从而希望美国接过援助希、土的担子。一个愿让，一个愿取，不谋而合。对此，美国人欣喜若狂，感到"英国此刻已经将领导世界的任务，连同其全部负担和全部光荣，一起移交给了我们"。美国应该从更广阔的世界背景上考虑希腊和土耳其的问题，并以此作为一把钥匙，去打开一个更广阔的局面。

正是以"希、土事件"为契机，杜鲁门为首的一帮美国强硬派人士，把已经出现的对苏联的"强硬态度"发展到"全面遏制"的地步。

在这种国际国内的形势下，美国政府无视即将召开的莫斯科四国外长会议，在副国务卿艾奇逊的指挥下，以最快的速度制订了援助希腊、土耳其的计划，并草拟了总统致国会的咨文，还准备了新闻宣传计划。杜鲁门本人在访问墨西哥回国之后，对咨文稿本又进行了一番修改。

1947年3月12日下午，杜鲁门给美国议员们上政治课，题目是搞东西方对峙的种种理由。他提醒在座的议员们说："自由制度的崩溃和独立地位的丧失不但对这些国家，而且对全世界都具有灾难性。"这篇演说是他提出的国情咨文，这就是赫赫有名的"杜鲁门主义"。

杜鲁门主义出台标志着苏美"冷战"的全面展开，两个朝鲜和两个德国的出现是"冷战"和"二战"的产物。以美国为首的资本主义阵营和以苏联为首的社会主义阵营，北约和华约两大军事集团展开了全面的紧张的对峙和对抗。

美苏两大集团之间的"冷战"经历了三个阶段。20世纪50年代中后期到60年代初是第一阶段。这一阶段苏联的综合国力与美国还有明显的差距，特别是在军事实力上。因此苏联还不足以对美国的霸主地位形成真正的撼动，因此当时苏联领导人赫鲁晓夫追求的是缓和"冷战"开始以来僵硬的美苏关系，希望实现"美苏合作"，共同主宰世界，同时又有一些有挑战性的举措对外扩张。前者的标志性事件是1959年赫鲁晓夫访问美国，后者的标志则是1961年柏林墙的建立和1962年的古巴导弹危机。这一阶段美国凭借综合国力特别是军事实力的优势占据战略优势，典型例子就是迫使苏联撤走了在古巴的导弹。

第二阶段是从20世纪60年代中期到80年代初，这一阶段的特点是苏联强势扩张，美国则处于战略守势。这一时期，苏联缩小了与美国的实力差距，特别是在军事实力上一举超过美国。而美国由于长期陷于越战，加上1973年的石油危机以及资本主义阵营内部的分化，霸主地位严重动摇，不得不采取相对保守的战略，响应苏联提出的缓和政策，试图通过外交手段遏止苏联扩张和维护自身地位。

在这一阶段双方关系曾经有一段缓和时期，大体是从 20 世纪 60 年代末到 70 年代中期，主要标志是两国领导人的频繁互访和签署关于《美苏限制战略核武器条约》。苏联的扩张到 1979 年入侵阿富汗达到顶峰，随后就有了衰退的迹象，而随着里根的上台，美国也开始扭转战略被动局面，争霸格局再次面临改变。

第三阶段是 20 世纪 80 年代中期到苏联解体，开始的标志是戈尔巴乔夫上台。这一阶段的特点是美国重新获得优势，而苏联则是全面收缩。里根上台后有效复兴了美国的经济，以此为基础扭转争霸中被动防守的不利局面，以军事实力扩张为手段，以经济和科技实力为根本重新获得战略优势。

而苏联国内经济此时出现严重困难，特别是入侵阿富汗带来了极为沉重的军事、经济和外交负担，无法继续支撑争霸战略。戈尔巴乔夫为了集中精力和财力以解决国内问题，不得不采取全面收缩的态势，并最终由于改革失败，导致了苏联的解体。"冷战"到此也结束了。

美苏争霸从根本上来说是两国综合国力之间的综合较量，在前阶段军事实力是最主要的参考指标，而往后经济实力所占地位越来越重要。两国为了争夺军事上的优势都把大量国家资源投入军备竞赛，对经济发展造成了长远的损害。美国方面最典型的例子就是 20 世纪 60 年代末开始的经济危机和 70 年代的滞胀，而苏联受到的影响更大，由于经济长期畸形发展，人民生活水平无法得到应有的提高，国内矛盾不断激化，这成为最终导致国家解体的最主要原因之一。同时由于两个超级大国的对峙，世界长期处于核阴影的笼罩之下，就是所谓的"冷和平"，国际形势长期紧张。

变革意义

"冷战"的开始与结束都对世界历史进程产生了极大的影响。冷战给美苏双方以及东西方之间带来了长期的对峙和对抗，阻碍了世界整体化的发展，也造成了德国、朝鲜的分裂，并引发了局部的战争。

不过，在"冷战"大环境下，美苏双方势均力敌，在近半个世纪里避免了新的世界大战的爆发。

在"冷战"的环境下，不同社会制度的国家在长期共存中都不同程度地从对方身上借鉴了经验，吸取了教训，并用于内部调整和改革，推动了世界的整体发展。

"冷战"还造成了在世界范围内两极对峙的局面。面对两极格局对峙的局面，亚、非、拉发展中国家组成不结盟运动，逐步发展壮大，第三世界由此崛起。